目 次

1

2

3

序　文

この本の特長

接尾辞を通じて語彙力を体系的に向上：

中・高校の授業と大学入試はもちろん、日常生活に必要な一般語彙、固有名詞(地名,人名)など2,995個の語彙を115個の接尾辞別に配列し、必須英単語を体系的に熟知出来るようにした。

アクセント音節に焦点をおいた効果的な発音練習：

英語の会話・聴取を効果的に向上させる上で最も重要なアクセント音節にも焦点を合わせ、発音しているうちに英語の聞き取りが急速に向上出来るようにした。

簡潔な語意と速やかな検索：

語彙力を効果的に向上させるために日本語の語意を簡潔に示した。しかも、発音と語意を速やかに検索できるように各接尾詞グループ内では語彙がアルファベット順に収録されている。

この本が特に必要な方

学校授業及び各種試験のために語彙・聴取・会話力の向上が必要な**学生**

英語の語彙・聴取・会話能力の向上を望む**会社員・一般人**

英語の会話・聴取・語彙力の向上が必要な**海外旅行者・勤務者・生活者**

お子様、お孫様、他の知り合いの方に本を**プレゼントしたい方**

はじめに

　国際化の時代において英語は既に国際語として必須であり、日本ほど英語学習のために莫大な時間、努力、費用を投資している国も多くはないだろう。ところが果たして投資しただけの成果を上げているかどうか考えて見るとそれは極めて疑わしい。数十年間英語の勉強をしても道で外国人が英語で尋ねてもうまく聞き取れないし、たまに英語で話をしたとしても、相手の方がきちんと理解できない場合が非常に多い。

　迅速かつ効果的に英語の語彙力を向上させるためには膨大な語彙を収録し、多くの語意が含まれている一般の英語辞典だけでは限界がある。特に英語は書かれている綴りどおりに発音しないので、必ず辞典で語彙の発音を確認して熟知しなければならない。 40年近く英語の学習をし、10年以上は英語圏で外国生活をしている著者がより簡単で効果的な英語の学習方法はないだろうかと長らく悩んだ末に刊行されたのが本書である。

　英語は2つ以上の音節(母音一つを含む単語の一部)で成り立つすべての単語に必ずアクセント(強勢)を置く**“アクセント音節”**がある。アクセント音節は、他の音節よりも音が大きく、高く、長い。音節の確実な強弱駆使は英語のコミュニケーションにおいて絶対的な役割を果たしている。特に英語を母国語とする人々は、音節の強勢如何によって会話の内容を把握するため、音節の不正確な強勢はコミュニケーションにおいて最大の障害である。例えば、 "hotel"を "ホテル"と発音すると、英語が母国語である外国人はよく聞き取れない。必ず "ホウ**テル**"とアクセントのある音節 "**テル**"を大きく、高く、長く発音しないと容易に聞き分けられない。

　特に日本人と顔立ち、文化、考え方などすべてが異なる英語圏の外国人と会話する

場合、音節の強勢を正確に使い分けしないと彼らはその内容を把握する為に多くの困難を経験する。外国人が日本語を不思議に発音すれば日本人も、彼らがどのような考えをしながらいったい何を言おうとするのか簡単に分からないのと同じだ。

　英語をより正確に発音するためには母音、子音、単語内のアクセント音節、抑揚(イントネーション)を正確にしなければならない。ところが英単語の個々の子音、母音を正確に発音するためには、発音器官を適切に使わなければならので、英語を母国語とする人々と同じように発音をするのは、現実的に無理である。これに反して、**アクセント音節**に強勢を置いて発音する方が単語の個々の子音と母音を正確に発音することより容易であるだけでなく、コミュニケーションのためにはるかに効果的である。英語を話すことはよく歌うことに喩えられる。**アクセント**は英語の"リズム"であり、抑揚は英語の"メロディー"であるともよく言われている。　本書では**アクセント音節**を拡大区分表示した見出し語、標準的なアメリカ式英語の発音、品詞別の簡潔な語意を1行にまとめた。

　一般的に英単語は接頭辞、語根、接尾辞から成り立ち、接尾辞は単語の品詞形態を決める。特に、一部の例外を除いて接尾辞にはアクセント(強勢)がない。本書では**すべての語彙を接尾辞別に配列**し、そのグループ別に発音練習をしながら同時に語彙力をより体系的に向上出来るようにした。最後に楽器の演奏、スポーツ等、他のすべてのことも同じだが発音を上手にするためには練習、練習、もっと練習するしか方法はない。

凡 例

1. 見出し語

中・高校の授業と大学入試はもちろん、日常生活に必要な一般語彙、固有名詞(地名,人名)など2,995個の語彙を収録した。

(1) つづり字

アメリカ式を基本としており、アメリカ式とイギリス式のつづり字が違う代表的な語彙は、次のとおりである。

(米) -or/ (英) -our (例: color/ colour; honor/ honour; labor/ labour)

(米) -er/ (英) -re (例: center/ centre; meter/ metre)

(米) -l-/ (英) -ll- (例: equaled/ equalled; rivaled/ rivalled)

(米) -se/ (英) -ce (例: license/ licence; offense/ offence)

(米) -dgment/ (英) -dgement (例: acknowledgment/ acknowledgement)

(米) -ection/ (英) -exion (例: connection/ connexion; reflection/ reflexion)

(2) 配列

すべての語彙を115個の接尾辞別に配列して、体系的な語彙学習と効果的な発音練習が同時に出来るようにした。しかも、発音と語意を速やかに検索できるよう各接尾辞グループ内では語彙がアルファベット順に収録されている。

2. 発音

(1) 発音記号

発音はアメリカ式発音を基本としており、見出し語の直後に国際音声記号を使用して[　]内に示した。次はアメリカ式とイギリス式が違う主な例だ。

(米) æ　(英) a:　(例: bath; can't; draft; fast; glass)

(米) a　(英) ɔ　(例: bomb; clock; dot; fox; lot)

(米) u:　(英) yu:　(例: pursue; suit; super)

(2) アクセント(強勢)音節

二音節以上の見出し語は**アクセント(強勢)音節**をbold体で表し、速やかな識別と認知に役立つようにした。また、**アクセント音節**は[　]内の発音記号でも濃く示した。ちなみにこの本では、その重要性に応じて、**"第一アクセントだけ区分表記"**した。

3. 品詞

品詞は語意の前に略語(**品詞略語解**を参照)で示した。

4. 日本語の語意

日本語の語意を併記する場合は、"," を使っており、品詞別に最も多く使われる語意を示した。

品詞略語解

[名] 名　詞　[人] 人　名　[地] 地　名　[形] 形容詞　[動] 動　詞

[副] 副　詞　[代] 代名詞　[短] 短縮形　[前] 前置詞　[感] 感嘆詞

[助] 助動詞　[接] 接続詞　[冠] 冠　詞

英語の発音記号

(1) 母音

i: east   [i:st]

i   big   [big]

iər   ear   [iər]

ei   day   [dei]

e   get   [get]

eər   air   [eər]

æ   bat   [bæt]

ə:r   early   [ə:rli]

ʌ (ə)   cup   [kʌp]

a   hot   [hat]

a: ah   [a:]

a:r   are   [a:r]

ai   eye   [ai]

aiər   fire   [faiər]

au   cow   [kau]

auər   hour   [auər]

u: cool   [ku:l]

yu: few   [fyu:]

u   cook   [kuk]

uər   poor   [puər]

yuər   cure   [kyuər]

ou   boat   [bout]

ɔ: law   [lɔ:]

ɔ:r   corn   [kɔ:rn]

ɔi   oil   [ɔil]

(2) 子音

p	play	[plei]
b	best	[best]
t	time	[taim]
d	day	[dei]
k	key	[ki:]
g	gold	[gould]
f	find	[faind]
v	very	[veəri]
θ	thank	[θæŋk]
ð	they	[ðei]
s	sea	[si:]
z	zoo	[zu:]
ʃ	sure	[ʃuər]
ʒ	vision	[viʒən]
h	how	[hau]
tʃ	china	[tʃainɔ]
dʒ	judge	[dʒʌdʒ]
w	word	[wə:rd]
y	young	[yʌŋ]
m	make	[meik]
n	note	[nout]
ŋ	sing	[siŋ]
l	love	[lʌv]
r	red	[red]

-able (主な品詞は形容詞; 意味は主に'~できる')

abominable　[əbamənəbl]　[形] 憎むべき

acceptable　[ækseptəbl]　[形] 受諾できる, 受容できる

accountable　[əkauntəbl]　[形] 責任のある, 説明できる

adjustable　[ədʒʌstəbl]　[形] 調節できる

admirable　[ædmərəbl]　[形] 素晴らしい

agreeable　[əgri:əbl]　[形] 気持ち良い

available　[əveiləbl]　[形] 使える, 有効な

capable　[keipəbl]　[形] 有能な

changeable　[tʃeindʒəbl]　[形] 可変的な

comfortable　[kʌmfərtəbl]　[形] 快適な

considerable　[kənsidərəbl]　[形] かなりの

countable　[kauntəbl]　[形] 数えられる

desirable　[dizairəbl]　[形] 望ましい

enjoyable　[indʒɔiəbl]　[形] 楽しい

estimable　[estəməbl]　[形] 立派な

fashionable　[fæʃənəbl]　[形] 流行の, 流行している

favorable　[feivərəbl]　[形] 好意的な, 有利な

formidable　[fɔ:rmədəbl]　[形] 恐ろしい, 手に負えない

honorable　[anərəbl]　[形] 立派な, 名誉ある

imaginable　[imædʒənəbl]　[形] 想像できる

incapable　[inkeipəbl]　[形] ~ができない, 無能な

indispensable　[indispensəbl]　[形] 不可欠な

inevitable　[inevətəbl]　[形] 避けられない, 必然的な

innumerable　[inyu:mərəbl]　[形] 無数の

invaluable　[invælyəbl]　[形] 非常に貴重な

invariable　[invéəriəbl]　[形] 不変の

liable　[láiəbl]　[形] ～しやすい, 責任のある

miserable　[mízərəbl]　[形] かわいそうな, 辛い

notable　[nóutəbl]　[形] 注目に値する　[名] 名士

portable　[pɔ́:rtəbl]　[形] 携帯用の　[名] 携帯用機器

probable　[prábəbl]　[形] ありそうな

profitable　[práfətəbl]　[形] 有利な, 利益が多い

reasonable　[rí:znəbl]　[形] 合理的な, 適当な

reliable　[riláiəbl]　[形] 頼もしい, 確実な

remarkable　[rimá:rkəbl]　[形] 注目すべき, 顕著な

respectable　[rispéktəbl]　[形] 尊敬すべき, 立派な

stable　[stéibəl]　[形] 安定した [名] 馬屋

suitable　[sú:təbl]　[形] 適当な, 適格の

unable　[ənéibl]　[形] ～することができない

unaccountable　[ənəkáuntəbl]　[形] 説明できない, 責任のない

uncomfortable　[ənkʌ́mfərtəbl]　[形] 気持ち悪い, 不快な

unreasonable　[ənrí:znəbl]　[形] 不合理な, 非理性的な

valuable　[vǽlyəbl]　[形] 貴重な, 価値のある

-ache (主な品詞は名詞; 意味は'痛')

headache   [**he**deik]   [名] 頭痛

toothache   [**tu:θ**eik]   [名] 歯痛

-acy (品詞は名詞)

accuracy   [**æ**kyərəsi]   [名] 正確性

conspiracy   [kən**spi**rəsi]   [名] 陰謀

-age (主な品詞は名詞, 形容詞, 動詞)

advantage   [əd**væn**tidʒ]   [名] 利益, 強み

average   [**æ**vəridʒ]   [名] 平均, 標準   [形] 平均の

baggage   [**bæ**gidʒ]   [名] 手荷物

bandage   [**bæn**didʒ]   [名] 包帯   [動] 包帯を巻く

cabbage   [**kæ**bidʒ]   [名] キャベツ

carriage   [**keə**ridʒ]   [名] 馬車, 身だしなみ

cottage   [**ka**tidʒ]   [名] 別荘, 田舎の家

courage   [**kə:**ridʒ]   [名] 勇気

damage   [**dæ**midʒ]   [名] 損害 [動] 損害を与える

discourage   [dis**kə:**ridʒ]   [動] 挫折させる, 禁ずる

encourage   [in**kə:**ridʒ]   [動] 勇気を与える, 奨励する

engage   [in**geidʒ**]   [動] 約束する, 婚約する

foliage   [**fou**liidʒ]   [名] 木の葉

garage   [gə**ra:ʒ**]   [名] 車庫

garbage   [**ga:r**bidʒ]   [名] ごみ

homage   [**ha**midʒ]   [名] 敬意

image   [ímidʒ]   [名] 像, 姿, 概念

language   [læŋgwidʒ]   [名] 言語, 言葉遣い

luggage   [lʌgidʒ]   [名] 手荷物, 旅行用バッグ

manage   [mænidʒ]   [動] 経営する, 扱う

marriage   [meəridʒ]   [名] 結婚, 結婚式

message   [mesidʒ]   [名] 伝言, メッセージ

mortgage   [mɔ:rgidʒ]   [名] 抵当, 抵当権   [動] 抵当に取られる

outrage   [autreidʒ]   [名] 違反, 暴行

package   [pækidʒ]   [名] 包み, 包装   [形] 一括の

passage   [pæsidʒ]   [名] 通路, 通行, 通過, 経過

percentage   [pə:rsentidʒ]   [名] パーセント, 比率

postage   [poustidʒ]   [名] 郵便料金

savage   [sævidʒ]   [名] 野蛮人   [形] 野蛮の

shortage   [ʃɔ:rtidʒ]   [名] 不足

storage   [stɔ:ridʒ]   [名] 倉庫

usage   [yu:sIdʒ]   [名] 習慣, 慣用語, 用語

village   [vilidʒ]   [名] 町

voyage   [vɔiidʒ]   [名] 航海   [動] 航海する, 旅行する

-al   (主な品詞は形容詞と名詞)

abnormal   [æbnɔ:rməl]   [形] 奇妙な, 変則の

actual   [æktʃuəl]   [形] 実際の

additional   [ədiʃənəl]   [形] 追加的な

aerial   [eəriəl]   [形] 空中の

agricultural   [ægrəkʌltʃərəl]   [形] 農業の

annual   [ænyuəl]   [形] 一年の, 毎年の   [名] 年鑑

approval   [əpru:vəl]   [名] 承認, 賛成

arrival　[əraivəl]　[名] 到着

artificial　[a:rtəfiʃəl]　[形] 人工の, 人工的な, 偽の

brutal　[bru:tl]　[形] 残忍な

burial　[beriəl]　[名] 埋葬

casual　[kæʒuəl]　[形] 偶然の, 普段着の

central　[sentrəl]　[形] 中心の

colloquial　[kəloukwiəl]　[形] 口語の

colonial　[kəlouniəl]　[形] 植民地の

commercial　[kəmə:rʃəl]　[形] 商業の, 貿易の　[名] コマーシャル

confidential　[kanfədenʃəl]　[形] 秘密の

constitutional　[kanstətyu:ʃənəl]　[形] 憲法上の

continental　[kantənentl]　[形] 大陸の

continual　[kəntinyuəl]　[形] 絶え間ない

conventional　[kənvenʃənəl]　[形] 慣習的な, 伝統的な

cordial　[kɔ:rdʒəl]　[形] 真心のこもった

criminal　[krimənəl]　[形] 罪を犯した　[名] 罪人

cultural　[kʌltʃərəl]　[形] 文化的な

dismal　[dizməl]　[形] 憂鬱な, 暗い

disposal　[dispouzəl]　[名] 処分, 売却

editorial　[edətɔ:riəl]　[形] 編集上の　[名] 社説

educational　[edʒəkeiʃənəl]　[形] 教育的な

elemental　[eləmentl]　[形] 元素の, 基本的な

emotional　[imouʃənəl]　[形] 感情の

environmental　[invairənmentl]　[形] 環境の

equal　[i:kwəl]　[形] 同じ, 平等な

especial　[ispeʃəl]　[形] 特別な, 格別な

essential　[isenʃəl]　[形] 必須の　[名] 本質的要素

eternal　[itə:rnəl]　[形] 永遠の

eventual　[ivéntʃuəl]　[形] 最後の

exceptional　[iksépʃənəl]　[形] 例外的な

experimental　[ikspeərəméntl]　[形] 実験の

external　[ekstə:rnəl]　[形] 外部の, 形式的な

fatal　[féitl]　[形] 致命的な

federal　[fédərəl]　[形] 連合の, 連邦政府の

festival　[féstəvəl]　[形] 祭りの, 祝典の　[名] 祭り, 祝典

final　[fáinəl]　[形] 最後の　[名] 期末試験, 決勝戦

financial　[fainǽnʃəl]　[形] 財政の, 財務の

formal　[fɔ́:rməl]　[形] 形式の, 正式の, 儀礼的な

fundamental　[fəndəméntl]　[形] 根本的な

funeral　[fyú:nərəl]　[形] 葬式の　[名] 葬式

general　[dʒénərəl]　[形] 一般的な　[名] 陸軍大将

gradual　[grǽdʒuəl]　[形] 漸進的な

habitual　[həbítʃuəl]　[形] 習慣的な

horizontal　[hɔrəzántl]　[形] 地平線の, 水平線の

hymnal　[hímnəl]　[形] 賛美歌の　[名] 賛美歌集

illegal　[ilí:gəl]　[形] 不法の

immortal　[imɔ́:rtl]　[形] 不滅の　[名] 不死身

imperial　[impíəriəl]　[形] 帝国の, 支配する

individual　[indəvídʒuəl]　[形] 個人的な　[名] 個人, 人

industrial　[indʌ́striəl]　[形] 産業の, 工業の

informal　[infɔ́:rməl]　[形] 非公式の, 形式ばらない

initial　[iníʃəl]　[形] 初期の　[名] 頭文字, イニシャル

intellectual　[intəléktʃuəl]　[形] 知的な　[名] 知識人

internal　[intə:rnəl]　[形] 内部の, 国内の

international　[intərnǽʃənəl]　[形] 国際的な

interval　[íntərvəl]　[名] 間隔, 間

journal　[dʒəːrnəl]　[名] 日誌, 日刊新聞

legal　[liːgəl]　[形] 法律上の, 法的な

liberal　[libərəl]　[形] 自由な, 寛大な, 豊かな

literal　[litərəl]　[形] 文字の

local　[loukəl]　[形] 地方の　[名] 鈍行列車

loyal　[lɔiəl]　[形] 忠誠な

manual　[mænyuəl]　[形] 手の, 手動の　[名] 参考書, 教本

material　[mətiəriəl]　[形] 物質的な　[名] 原料, 材料

medieval　[midiiːvəl]　[形] 中世の

memorial　[məmɔːriəl]　[形] 記念の　[名] 記念物, 記念碑

mental　[mentl]　[形] 精神の, 心の

monumental　[manyəmentl]　[形] 記念碑的な, 記念になる

moral　[mɔːrəl]　[形] 道徳的な　[名] 教訓, 道徳

mortal　[mɔːrtl]　[形] 死ぬ運命の, 人間の　[名] 人間, 死ぬ運命の物

municipal　[myunisəpəl]　[形] 市の, 都市の

mutual　[myuːtʃuəl]　[形] お互いの, 共通の

national　[næʃənəl]　[形] 国家の, 国民の, 全国の

natural　[nætʃərəl]　[形] 自然の, 生まれつきの

naval　[neivəl]　[形] 海軍の

neutral　[nyuːtrəl]　[形] 中立の, 中性の　[名] 中立国

nominal　[namənəl]　[形] 名前だけの, わずかな

normal　[nɔːrməl]　[形] 正常の, 標準的な

occasional　[əkeiʒənəl]　[形] 時々の, 臨時の

official　[əfiʃəl]　[形] 公式の, 公認の　[名] 公務員

Oriental　[ɔːrientl]　[形] 東洋の　[名] 東洋人

original　[əridʒənəl]　[形] 最初の　[名] 原物, 原形

ornamental　[ɔːrnəmentl]　[形] 装飾用の　[名] 装飾品

partial　[paːrʃəl]　[形] 部分的な, 不公平な

participial [pɑːrtəsipiəl] [形] 分詞の

perpetual [pəːrpetʃuəl] [形] 永久の, 永続する, 途切れない

personal [pəːrsənəl] [形] 個人の, 個人的な, 私的な

plural [pluərəl] [形] 複数の [名] 複数

postal [poustl] [形] 郵便の

potential [pətenʃəl] [形] 潜在的な [名] 潜在力

presidential [prezədenʃəl] [形] 大統領の

principal [prinsəpəl] [形] 主要な [名] 校長, 元金

professional [prəfeʃənəl] [形] 職業の, 専門の [名] 専門家

proposal [prəpouzəl] [名] 提案, 求婚, プロポーズ

punctual [pʌŋktʃuəl] [形] 時間(期限)を厳守する

rascal [ræskəl] [形] 悪党の, 不良な [名] 悪党, 不良

rational [ræʃənəl] [形] 理性的な

royal [rɔiəl] [形] 王の, 王族の [名] 王族

rural [ruərəl] [形] 田舎の

sacrificial [sækrəfiʃəl] [形] 犠牲の, 犠牲的な

self-denial [self dinaiəl] [名] 克己, 禁欲

seminal [semənəl] [形] 精液の, 種子の, 生殖の

several [sevrəl] [形] いくつかの

sexual [sekʃuəl] [形] 性の, 性的な

social [souʃəl] [形] 社会の, 社会的な, 社交的な

special [speʃəl] [形] 特別な, 専門の

spiritual [spiəritʃuəl] [形] 魂の, 精神の

substantial [səbstæntʃəl] [形] かなりの, 現実的な, 丈夫な

superficial [suːpəːrfiʃəl] [形] 表面的な, 表面上の

territorial [terətɔːriəl] [形] 領土の, 土地の, 準州の

total [toutl] [形] 全体の [名] 総計, 総額

trial [traiəl] [名] 裁判, 試験, 試練

trivial　[**triv**iəl]　[形] つまらない, 些細な

unequal　[əni:kwəl]　[形] 不公平な, 等しくない

universal　[yu:nəvə:rsəl]　[形] 普遍的な, 宇宙の

unnatural　[ənnætʃurəl]　[形] 不自然な, 不思議な

unusual　[ənyu:ʒuəl]　[形] 正常でない, 異例の

usual　[yu:ʒuəl]　[形] 普段の　[名] いつもの事

vocal　[**vou**kəl]　[形] 声の, 声楽の

-an　(主な品詞は名詞と形容詞)

African　[**æ**frikən]　[名] アフリカ人　[形] アフリカの

American　[ə**mea**rəkən]　[名] 米国人　[形] 米国の

Arabian　[ə**rei**biən]　[名] アラビア人　[形] アラビアの

Asian　[**ei**ʒən]　[名] アジア人　[形] アジアの

Christian　[**kris**tʃən]　[名] クリスチャン　[形] キリストの

Egyptian　[id**ʒip**ʃən]　[名] エジプト人, エジプト語　[形] エジプトの

European　[yuərə**pi**:ən]　[名]ヨーロッパ人　[形] ヨーロッパの, ヨーロッパ人の

guardian　[**ga:r**diən]　[名] 保護者, 後見人

historian　[his**tɔ:**riən]　[名] 歴史家

Italian　[i**tæl**yən]　[名] イタリア人　[形] イタリアの

Korean　[kə**ri:**ən]　[名] 韓国人, 韓国語　[形] 韓国の

Mediterranean　[medətə**rei**niən]　[名] 地中海　[形] 地中海の

metropolitan　[metrə**pa**lətən]　[名] 大都市の住民　[形] 首都の, 大都市の

Mexican　[**mek**sikən]　[名] メキシコ人　[形] メキシコの

musician　[myu**zi**ʃən]　[名] 音楽家

Norman　[**nɔ:r**mən]　[名] ノルマン人　[形] ノルマン族の

partisan　[**pa:r**təzən]　[名] 仲間

pedestrian　[pə**des**triən]　[名] 歩行者

23

physician [fizíʃən] [名] 医師, 内科医

politician [palətíʃən] [名] 政治家

Russian [rʌʃən] [形] ロシア人の, ロシア語の

utopian [yutóupiən] [形] ユートピアの, 理想郷の

-ance （品詞は名詞）

abundance [əbʌndəns] [名] 豊富

acceptance [ækséptəns] [名] 受諾, 受容, 引き受け

accordance [əkɔ́:rdəns] [名] 一致, 調和

acquaintance [əkwéintns] [名] 面識, 知人

alliance [əláiəns] [名] 同盟

allowance [əláuəns] [名] 手当て, 割り当て, 許可, 費用

appearance [əpíərəns] [名] 出現, 登場

assistance [əsístəns] [名] 援助

assurance [əʃúərəns] [名] 保証, 確信

attendance [əténdəns] [名] 出席, 出席者

countenance [káuntənəns] [名] 顔の表情, 容貌

defiance [difáiəns] [名] 無視, 反抗

disappearance [disəpíərəns] [名] 消失, 行方不明

disturbance [distə́:rbəns] [名] 妨害, 混乱

encumbrance [inkʌmbrəns] [名] 障害物

endurance [indyúərəns] [名] 耐久性, 忍耐

fragrance [fréigrəns] [名] 香り

guidance [gáidns] [名] 案内, 地図, 助言

ignorance [ígnərəns] [名] 無知

importance [impɔ́:rtəns] [名] 重要性

inheritance [inhérətəns] [名] 相続, 相続権, 遺伝

insignificance　[insignifikəns]　[名] 取るに足らない事, 無意味な事

instance　[instəns]　[名] 場合, 例

insurance　[inʃuərəns]　[名] 保険

maintenance　[meintənəns]　[名] 維持, 扶養, 生活費

nuisance　[nyu:sns]　[名] 迷惑, 迷惑な人

observance　[əbzə:rvəns]　[名] 遵守, 宗教儀式, 敬意

performance　[pərfɔ:rməns]　[名] 実行, 公演, 演奏

perseverance　[pə:rsəviərənce]　[名] 忍耐, こらえ性

remembrance　[rimembrəns]　[名] 記憶, 回想, 記念

resistance　[rizistəns]　[名] 抵抗, 反抗

significance　[signifikəns]　[名] 意味, 重要性

substance　[sʌbstəns]　[名] 物質, 要旨

temperance　[tempərəns]　[名] 自制, 節制

utterance　[ʌtərəns]　[名] 発言, 発声, 言葉遣い, 表現力

vengeance　[vendʒəns]　[名] 復讐

-ancy　(品詞は名詞)

infancy　[infənsi]　[名] 幼年期, 初期

-ant　(主な品詞は形容詞と名詞)

abundant　[əbʌndənt]　[形] 豊富な

attendant　[ətendənt]　[形] 付随的な　[名] 付添い脱線した, 出席者

constant　[kanstənt]　[形] 一定の, 不断な　[名] 不変の物

descendant　[disendənt]　[名] 子孫

distant　[distənt]　[形] 遠い

elegant　[eləgənt]　[形] 優雅な, 上品な

fragrant　[freigrənt]　[形] 芳しい

gallant　[gǽlənt]　[形] 勇敢な

ignorant　[ígnərənt]　[形] 無知な

immigrant　[íməgrənt]　[名] 移民者, 移住者

important　[impɔ́:rtənt]　[形] 重要な

incessant　[insésənt]　[形] 絶え間ない

infant　[ínfənt]　[形] 幼児の　[名] 幼児

inhabitant　[inhǽbətənt]　[名] 居住者, 住民

insignificant　[insignifikənt]　[形] つまらない, 無意味な

instant　[ínstənt]　[形] 即時の, 瞬間の　[名] 即時, 瞬間

lieutenant　[lutenənt]　[名] 副官, 陸軍中尉

merchant　[mə́:rtʃənt]　[名] 商人, 貿易商

observant　[əbzə́:rvənt]　[形] 注意深い, 遵守する　[名] 遵守者

pleasant　[pleznt]　[形] 楽しい, 愉快な, 優しい

radiant　[réidiənt]　[形] 光る, 明るい

reluctant　[rilʌ́ktənt]　[形] 気の進まない

remnant　[rémnənt]　[名] 残り, 跡

sergeant　[sa:rdʒənt]　[名] 下士官

servant　[sə́:rvənt]　[名] 召使い, 従業員

significant　[signífikənt]　[形] 重要な, 重大な, 意味のある

tenant　[ténənt]　[名] 土地の借り手, テナント

triumphant　[traiʌ́mfənt]　[形] 勝利を得た, 意気揚々の

tyrant　[táirənt]　[名] 暴君

unpleasant　[ənpleznt]　[形] 不快な

vacant　[véikənt]　[形] 空虚な, 空の, 空席の

valiant　[vǽlyənt]　[形] 勇敢な

-ar (品詞は名詞; 意味は'人')

beggar [begər] [名] こじき

burglar [bə:rglər] [名] 強盗

-arian (主な品詞は名詞と形容詞; 意味は'人')

librarian [laibreəriən] [名] 司書

-ary (主な品詞は形容詞と名詞)

adversary [ædvərseri] [名] 敵, 競争相手

anniversary [ænəvə:rsəri] [形] 記念日の [名] 記念日

boundary [baundri] [名] 境界, 限界

contemporary [kəntempəreri] [形] 現代の, 同時代の

contrary [kantreri] [形] 逆の, 反対の [名] 反対, 矛盾

customary [kʌstəmeri] [形] 習慣的な

diary [daiəri] [名] 日記

dictionary [dikʃəneri] [名] 辞書

dreary [driəri] [形] 寂しい, 悲しい

elementary [eləmentəri] [形] 初心者の, 元素の

extraordinary [ikstrɔ:rdəneri] [形] 奇妙な, 特別な

February [febrəri] [名] 二月

imaginary [imædʒəneri] [形] 想像の

January [dʒænyueri] [名] 一月

library [laibrəri] [名] 図書館, 図書室

literary [litəreri] [形] 文学の

military [miləteri] [形] 軍隊の [名] 軍隊, 軍人

missionary [miʃəneri] [名] 宣教師

momentary [**mou**mənteri] [形] 瞬間の

necessary [**ne**səseri] [形] 必要な

ordinary [**ɔ:r**dəneri] [形] 普通の, 通常の

preliminary [pri**li**məneri] [形] 予備の [名] 準備, 予備行為

primary [**prai**meəri] [形] 第一位の, 最初の, 初等の

revolutionary [revə**lu:**ʃəneri] [形] 革命的な [名] 革命家

salary [**sæ**ləri] [名] 給料

sanitary [**sæ**nəteri] [形] 衛生の, 清潔な [名] 公衆便所

secondary [**se**kənderi] [形] 二類の, 第二位の

secretary [**se**krəteri] [名] 秘書, 大臣

solitary [**sa**ləteri] [形] 一人の, 孤独な, 唯一の

summary [**sʌ**məri] [形] 要約された [名] 要約

temporary [**tem**pəreri] [形] 臨時の [名] その場逃れ

tributary [**tri**byəteri] [形] 貢を収める, 支流の [名] 貢ぎ, (川の) 支流

unnecessary [ən**ne**səseri] [形] 不要な

vocabulary [vou**kæ**byəleri] [名] 語彙, 単語集

voluntary [**va**lənteri] [形] 自発的な, 支援された, 志願した

-ate (主な品詞は動詞, 形容詞, 名詞; 発音は動詞は'eit', 形容詞/名詞は'ət')

abbreviate [ə**bri:**vieit] [動] 省略する, 短縮する

abominate [ə**ba**məneit] [動] 嫌悪する, 憎悪する

accelerate [æk**se**ləreit] [動] 加速する, 促進する

accommodate [ə**ka**mədeit] [動] 便宜を図る, 収容する

accumulate [ə**kyu:**myəleit] [動] 蓄積する

accurate [**æ**kyərət] [形] 正確な

adequate [**æ**dəkwət] [形] 適切な

advocate [**æ**dvəkeit] [動] 支持する, 擁護する

advocate [**æ**dvəkət] [名] 支持者, 擁護者

affectionate [əfekʃənət] [形] 愛情深い

agitate [ædʒəteit] [動] 動揺する, 扇動する, かき回す

alternate [ɔːltənət] [形] 交互の

alternate [ɔːltərneit] [動] 交替する

anticipate [æntisəpeit] [動] 期待する

appreciate [əpriːʃieit] [動] 感謝する, 評価する

appropriate [əprouprieit] [動] 流用する, 盗用する

appropriate [əproupriət] [形] 適切な

articulate [aːrtikyəleit] [動] はっきり発音する

articulate [aːrtikyələt] [形] 発音が明瞭な, 明確な

associate [əsouʃieit] [動] 連想する, 連合する, 交際する

associate [əsouʃiət] [形] 同僚の [名] 同僚

calculate [kælkyəleit] [動] 計算する

candidate [kændədeit] [名] 候補者

celebrate [seləbreit] [動] 祝う

certificate [sərtifikət] [名] 証明書

circulate [səːrkyəleit] [動] 循環する, 配布する

climate [klaimət] [名] 気候, 状況

communicate [kəmyuːnəkeit] [動] 伝達する

complicate [kampləkeit] [動] 複雑にする

concentrate [kansəntreit] [動] 集中する, 濃縮する

confederate [kənfedərət] [形] 同盟を結んだ [名] 同盟国

congratulate [kəngrætʃəleit] [動] 祝う

contemplate [kantəmpleit] [動] 熟考する, 予想する

cooperate [kouapəreit] [動] 協力する

cultivate [kʌltəveit] [動] 耕す, 耕作する, 栽培する

decorate [dekəreit] [動] 飾る, 勲章を授与する

dedicate [dedəkeit] [動] 捧げる, 献身する

delegate　[**de**ligət]　[名] 代表者, 代理人

deliberate　[di**li**bəreit]　[動] 熟考する, 審議する

deliberate　[di**li**bərət]　[形] 慎重に考慮した, 故意的に

delicate　[**de**likət]　[形] 敏感な, 甘い

demonstrate　[**de**mənstreit]　[動] 証明する, 説明する, 宣伝する

designate　[**de**zigneit]　[動] 示す, 任命する

desolate　[**de**sələt]　[形] 荒涼たる, 捨てられた

desperate　[**des**pərət]　[形] 絶望的な, 必死的な

dictate　[**dik**teit]　[動] 書き取る, 命令する

dominate　[**da**məneit]　[動] 支配する

educate　[**ed**ʒəkeit]　[動] 教育させる

elaborate　[i**læ**bəreit]　[動] 苦心して作る

elaborate　[i**læ**bərət]　[形] 念を入れた, 精巧な

elevate　[**el**əveit]　[動] 上げる

eliminate　[i**li**məneit]　[動] 除去させる, 脱落させる

estimate　[**es**təmeit]　[動] 評価する

estimate　[**es**təmət]　[名] 評価, 見積もり

exaggerate　[ig**zæ**dʒəreit]　[動] 誇張する

fortunate　[**fɔ:r**tʃənət]　[形] 幸運の

graduate　[**græ**dʒueit]　[動] 卒業させる, 卒業する

graduate　[**græ**dʒuət]　[名] 卒業生

hesitate　[**he**zəteit]　[動] ためらう, 躊躇する

illuminate　[i**lu:**məneit]　[動] 照らし出す, 説明する

illustrate　[**il**əstreit]　[動] 図解する

imitate　[**im**əteit]　[動] 真似る

immediate　[i**mi:**diət]　[形] 即時の, 直接の, 近所の

inadequate　[in**æ**dikwət]　[形] 不適当な

indicate　[**in**dəkeit]　[動] 示す, 暗示する

intimate   [**int**əmeit]   [動] 暗示する

intimate   [**int**əmət]   [形] 親密な, 該博な   [名] 友人

intricate   [**int**rikət]   [形] 複雑な, 難解な

investigate   [in**ves**təgeit]   [動] 調査する, 研究する

irritate   [**i**rəteit]   [動] 焦らせる

isolate   [**ai**səleit]   [動] 孤立させる, 隔離させる

legislate   [**le**dʒəsleit]   [動] 立法する

legitimate   [le**dʒi**təmət]   [形] 合法的な

magistrate   [**mæ**dʒəstreit]   [名] 行政長官, 治安判事

meditate   [**me**dəteit]   [動] 瞑想する, 企む

moderate   [**ma**dəreit]   [動] 適当にする, 柔らかくなる

moderate   [**ma**dərət]   [形] 適度の, 普通の

nominate   [**na**məneit]   [動] 指名する, 任命する

obstinate   [**ab**stənət]   [形] 頑固な, しつこい

operate   [**a**pəreit]   [動] 作動する, 手術をする

originate   [ə**ri**dʒəneit]   [動] 始める, 生じる

participate   [paː**rti**səpeit]   [動] 参加する, 関与する

passionate   [**pæ**ʃənət]   [形] 情熱的な

penetrate   [**pe**nətreit]   [動] 貫く, 浸透する

predicate   [**pre**dəkeit]   [動] 断言する, 断定する

predicate   [**pre**dikət]   [名] 述部, 述語

regulate   [**re**gyəleit]   [動] 規定する, 統制する, 調整する

separate   [**se**pəreit]   [動] 分離する, 別居する, 別れる

separate   [**se**pərət]   [形] 割れた, 分離された

situate   [**si**tʃueit]   [動] 置く, 位置を決める

stimulate   [**sti**myəleit]   [動] 刺激する

subordinate   [sə**bɔːrd**ənət]   [名] 部下   [形] 下位の, 服従する

temperate   [**tem**pərət]   [形] 節度ある, 節酒の, 穏やかな

terminate　[təːrməneit]　[動] 終える

terminate　[təːrmənət]　[形] 有限の

ultimate　[ʌltəmət]　[形] 最後の, 究極的な, 根本的な

unfortunate　[ənfɔːrtʃənət]　[形] 不運な, 悔しい

ventilate　[ventəleit]　[動] 換気する

vibrate　[vaibreit]　[動] 揺れる, 振動する

violate　[vaiəleit]　[動] 破る, 違反する

-ated　(品詞は形容詞; '-ate'から派生)

abbreviated　[əbriːvieitid]　[形] 省略された, 短縮された

agitated　[ædʒəteitid]　[形] 興奮した, 動揺した

calculated　[kælkyəleitid]　[形] 計画的な

celebrated　[seləbreitid]　[形] 有名な, 著名な

complicated　[kampləkeitid]　[形] 複雑な, 困難な

concentrated　[kansəntreitid]　[形] 集中した, 濃縮された

cultivated　[kʌltəveitid]　[形] 耕された, 洗練された

decorated　[dekəreitid]　[形] 飾られた, 勲章を受けた

dedicated　[dedəkeitid]　[形] 献身的な, 専用の

desolated　[desəleitid]　[形] 寂しい, 孤独な

educated　[edʒəkeitid]　[形] 教養のある, 教育を受けた

elevated　[eləveitid]　[形] 高められた, 上品な

estimated　[estəmeitid]　[形] 評価上の, 見積もりの

exaggerated　[igzædʒəreitid]　[形] 誇張された

graduated　[grædʒueitid]　[形] 等級別にした

isolated　[aisəleitid]　[形] 孤立された, 隔離された

situated　[sitʃueitid]　[形] ～に位置している, ～に置かれた

-ative (主な品詞は形容詞と名詞)

affirmative　[əfə:rmətiv]　[形] 肯定的な　[名] 肯定文

alternative　[ɔ:ltə:rnətiv]　[形] 代案の　[名] 選択肢

authoritative　[əθɔ:rəteitiv]　[形] 権威的な

comparative　[kəmpærətiv]　[形] 比較の　[名] 比較級

conservative　[kənsə:rvətiv]　[形] 保守的な　[名] 保守主義者

initiative　[iniʃətiv]　[名] 主導, 率先

interrogative　[intəragətiv]　[形] 疑問の　[名] 疑問詞

legislative　[ledʒəsleitiv]　[形] 立法の

narrative　[neərətiv]　[形] 物語の　[名] 物語

native　[neitiv]　[形] 生れの, 土着の　[名] 原住民

negative　[negətiv]　[形] 否定的な, 消極的な　[名] 否定

relative　[relətiv]　[形] 比較上の, 相対的な　[名] 親戚

representative　[reprizentətiv]　[形] 代表的な　[名] 代表者

superlative　[supə:rlətiv]　[形] 最上の　[名] 最上級

-ator (品詞は名詞; '-ate'から派生; 意味は'~する人', '~する物')

calculator　[kælkyəleitər]　[名] 計算機

decorator　[dekəreitər]　[名] 装飾家

elevator　[eləveitər]　[名] エレベーター, 昇降機

escalator　[eskəleitər]　[名] エスカレーター

operator　[apəreitər]　[名] 技師, 電話交換員, 手術者

refrigerator　[rifridʒəreitər]　[名] 冷蔵庫

ventilator　[ventəleitər]　[名] 換気装置

-ble/-bble (主な品詞は動詞, 名詞, 形容詞)

assemble [əsembl] [動] 組み立てる

Bible [baibl] [名] 聖書

bramble [bræmbl] [名] ブラックベリー

bubble [bʌbəl] [動] 泡立つ [名] 泡

cable [keibl] [名] 太いロープ, ケーブル

crumble [krʌmbl] [動] 砕く, 砕ける

double [dʌbl] [形] 二重の [動] 二倍になる

enable [ineibl] [動] 可能にする

fable [feibl] [名] 寓話

feeble [fi:bl] [形] 弱い

gamble [gæmbl] [動] 賭博をする [名] 賭博

grumble [grʌmbl] [動] 不平を言う, 愚痴する

humble [hʌmbl] [形] 卑しい, へりくだった

marble [ma:rbl] [形] 大理石の [名] 大理石

noble [noubl] [形] 貴族の, 高貴な

pebble [pebl] [名] 小石, 砂利

resemble [rizembl] [動] 似る

scramble [skræmbl] [動] 這い上がる [名] 這い上がり

stumble [stʌmbl] [動] よろめく, 口ごもる

syllable [siləbl] [名] 音節

table [teibl] [名] テーブル, 食卓

tremble [trembl] [動] 震える [名] 震え, 戦慄

trouble [trʌbl] [動] 苦しめる [名] 心配の種

tumble [tʌmbl] [動] 寝転ぶ [名] 転倒, とんぼ返り

vegetable [vedʒətəbl] [形] 野菜の [名] 野菜

-ceive (品詞は動詞)

conceive [kənsi:v] [動]
　考え出す {参考：conceit [kənsi:t] [名] 自尊心, 過大評価}

deceive [disi:v] [動] 騙す　　{参考：deceit [disi:t] [名] 欺瞞}

perceive [pə:rsi:v] [動] 知覚する, 感知する

receive [risi:v] [動] 受ける, 受理する

-cide (品詞は名詞; 意味は'殺')

suicide [su:əsaid] [名] 自殺

-cle (主な品詞は名詞と動詞)

article [a:rtikl] [名] 記事, 物品, 冠詞

bicycle [baisikl] [名] 自転車

chronicle [kranikl] [名] 年代記 [動] 年代記に載せる

circle [sə:rkl] [名] 円, グループ [動] 取り囲む

cycle [saikl] [名] 循環 [動] 循環する

miracle [miərikl] [名] 奇跡

motorcycle [moutərsaikl] [名] バイク

obstacle [abstikl] [名] 障害, 障害物

particle [pa:rtikl] [名] 微粒子, 極少量

spectacle [spektikl] [名] 壮観, 光景, メガネ

tricycle [traisikl] [名] 三輪車

uncle [ʌŋkl] [名] おじさん

vehicle [vi:əkl] [名] 車, 乗物, 媒介物

-crat （品詞は名詞; 意味は'~主義者'）

democrat　[**de**məkræt]　[名] 民主主義者

-cuit （品詞は名詞）

biscuit　[**bis**kət]　[名] ビスケット

circuit　[**sə**:rkət]　[名] 回路, 一周

-cracy （品詞は名詞; 意味は'~主義'）

democracy　[di**ma**krəsi]　[名] 民主主義

-cy （品詞は名詞）

fancy　[**fæn**si]　[名] 空想, 妄想, 趣味

mercy　[**mə**:rsi]　[名] 慈悲, 同情

policy　[**pa**ləsi]　[名] 政策, 方針, 保険証券

prophecy　[**pra**fəsi]　[名] 予言

secrecy　[**si**:krəsi]　[名] 秘密

-dge （主な品詞は動詞と名詞）

acknowledge　[æk**na**lidʒ]　[動] 認める

knowledge　[**na**lidʒ]　[名] 知識

partridge　[**pa**:rtridʒ]　[名] ヤマウズラ

porridge　[**pɔ**:ridʒ]　[名] 粥

-dit （主な品詞は名詞と動詞）

credit　　[**kre**dit]　　[名] 信用　[動] 信じる

-dle / ddle （主な品詞は動詞と名詞）

bridle　　[**brai**dl]　　[動] 馬勒をつける　[名] 馬勒

bundle　　[**bʌn**dl]　　[動] くくる　[名] 束, 包み

candle　　[**kæn**dl]　　[名] ろうそく, キャンドル

cradle　　[**krei**dl]　　[動] 揺りかごに入れて振る　[名] 揺りかご

girdle　　[**gə:r**dl]　　[名] 腰帯

handle　　[**hæn**dl]　　[動] 手で扱う　[名] 取っ手

huddle　　[**hʌ**dl]　　[動] 群がる

idle　　[**ai**dl]　　[形] 怠惰な, 遊んでいる　[動] 怠ける

kindle　　[**kin**dl]　　[動] 焦がす, 明るくする

meddle　　[**me**dl]　　[動] 干渉する, おせっかいをする

middle　　[**mi**dl]　　[名] 中央, 中間

needle　　[**ni:**dl]　　[名] 針

paddle　　[**pæ**dl]　　[名] 櫂

riddle　　[**ri**dl]　　[動] なぞを掛ける　[名] 謎

saddle　　[**sæ**dl]　　[動] 鞍を置く　[名] 鞍

-dom （品詞は名詞）

freedom　　[**fri:**dəm]　　[名] 自由

kingdom　　[**kiŋ**dəm]　　[名] 王国

random　　[**ræn**dəm]　　[名] 無作為

wisdom　　[**wiz**dəm]　　[名] 知恵, 賢明さ

-ed （主な品詞は形容詞）

abandoned [əbǽndənd] [形] 捨てられた

absorbed [əbsɔ́:rbd] [形] 没頭した, 熱中した

abstracted [æbstrǽktid] [形] 油断した

accepted [ækséptid] [形] 公認された

accomplished [əkámpliʃt] [形] 成就した, 優れた

accused [əkjú:zd] [形] 告発された [名] 被告, 被疑者

accustomed [əkʌ́stəmd] [形] 慣れた, 習慣になった

acknowledged [æknálidʒd] [形] 承認された

acquired [əkwáiərd] [形] 獲得した

adjusted [ədʒʌ́stid] [形] 調節された

admitted [ədmítid] [形] 認定された, 明らかな

adopted [ədáptid] [形] 採択された, 養子(養女)になった

advanced [ədvǽnst] [形] 進んだ, 上級の

advantaged [ədvǽntidʒd] [形] 恩恵を受けた

advised [ədváizd] [形] 慎重な, 情報を得た

affected [əféktid] [形] 影響を受けた

aged [éidʒd] [形] 老けた, 古い

agreed [əgrí:d] [形] 同意した, 合意した

alleged [əlédʒd] [形] 断定された, 不審な

allied [ǽlaid] [形] 同盟した

amazed [əméizd] [形] びっくりした

amused [əmjú:zd] [形] 面白がる

applied [əpláid] [形] 適用された, 応用された

appointed [əpɔ́intid] [形] 指定された, 約束された

approved [əprú:vd] [形] 承認された, 立証された

armored [á:rmərd] [形] 鎧を着た, 装甲した

arrested　[ərestid]　[形] 逮捕された, 阻止された

ashamed　[əʃeimd]　[形] 恥ずかしい

assembled　[əsembəld]　[形] 集合された, 結集された

assumed　[əsu:md]　[形] 仮定した, 仮装した

assured　[əʃuərd]　[形] 保証された, 確実な

astonished　[əstaniʃt]　[形] 驚いた

attached　[ətætʃt]　[形] 添付された, 付属の, 愛着を持つ

attempted　[ətemptid]　[形] 試みた, 未遂の

authorized　[ɔ:θəraizd]　[形] 公認された

balanced　[bælənst]　[形] 均衡の取れた

barreled　[beərəld]　[形] 樽に詰めた, 円筒の

beamed　[bi:md]　[形] 輝く

bearded　[biərdid]　[形] あごひげのある

beloved　[bilʌvd]　[形] 愛する

blasted　[blæstid]　[形] 枯れた, 乾いた

blended　[blendid]　[形] 混ぜた

bonded　[bandid]　[形] 抵当取れた

booted　[bu:tid]　[形] ブーツをはいた

bottled　[batld]　[形] 瓶に入った, 酒に酔った

budded　[bʌdid]　[形] 芽生えた, 発芽した

civilized　[sivəlaizd]　[形] 開化された, 教養のある

coated　[koutid]　[形] 上着を着た, 塗料を塗った

collected　[kəlektid]　[形] 集めた, 落ち着いた

colored　[kʌlərd]　[形] 彩色された

combined　[kəmbaind]　[形] 結合した, 連合した

commissioned　[kəmiʃənd]　[形] 任命された

committed　[kəmitəd]　[形] 献身的な

compacted　[kəmpæktid]　[形] いっぱいになった

concerned [kənsə:rnd] [形] 関係のある，心配そうな

concerted [kənsə:rtid] [形] 合意された，協力による

condemned [kəndemd] [形] 非難された，有罪宣告を受けた

condensed [kəndenst] [形] 凝縮した，要約した

confessed [kənfest] [形] 明らかな，自白された

confined [kənfaind] [形] 限られた，狭い

confounded [kənfaundid] [形] 混乱した，慌てた

confused [kənfyu:zd] [形] 混乱に陥った，慌てた

connected [kənektid] [形] 関連する

conquered [kaŋkərd] [形] 征服された，敗れた

considered [kənsidərd] [形] 慎重な

contained [kənteind] [形] 自制する，落ち着いた

contented [kəntentid] [形] 満足した

continued [kəntinyu:d] [形] 続いた

contracted [kəntræktid] [形] 縮小された，偏狭な

contrived [kəntraivd] [形] 人為的な

controlled [kəntrould] [形] 統制された，制御された

converted [kənvə:rtid] [形] 転向した，改造した

cornered [kɔ:rnərd] [形] コーナー(窮地)に追い込まれた

covered [kʌvərd] [形] 覆われた

crooked [krukid] [形] 曲がった，不正直な

crowded [kraudid] [形] 混雑な，満員の

damaged [dæmidʒd] [形] 損害を受けた

dated [deitid] [形] 日付が捺印された

decided [disaidid] [形] 決定的な，明白な

declared [dikleərd] [形] 宣言された，申告された

delayed [dileid] [形] 遅延された

delighted [dilaitid] [形] 嬉しい

departed [dipá:rtid] [形] 過ぎ去った, 死んだ

depressed [diprést] [形] 憂鬱な

deprived [dipráivd] [形] 恩恵を受けていない

derived [diráivd] [形] 派生した

descended [diséndid] [形] 伝来された

deserted [dizə́:rtid] [形] 捨てられた

deserved [dizə́:rvd] [形] 当然な

desired [dizáiərd] [形] 望んでいた

determined [ditə́:rmənd] [形] 断乎な

developed [divéləpt] [形] 進歩した, 先進の

devoted [devóutid] [形] 献身的な

directed [diréktid] [形] 誘導された, 指示された

disappointed [disəpɔ́intid] [形] 失望した

discontented [diskənténtid] [形] 不満な

diseased [dizí:zd] [形] 病気にかかった

disguised [disgáizd] [形] 変装した

disgusted [disgʌ́stid] [形] 飽きた

disordered [disɔ́:rdərd] [形] 無秩序な

disposed [dispóuzd] [形] ~ しやすい

distinguished [distíŋgwiʃt] [形] 有名な, 顕著な

distressed [distrést] [形] 苦悩に疲れた

distributed [distríbyu:tid] [形] ~の分布をした

disturbed [distə́:rbd] [形] 不安な, 動揺した

divided [diváidid] [形] 分割された, 分離された

embossed [imbást] [形] 目立つようにした

enchanted [intʃǽntid] [形] 魅惑された

enclosed [inklóuzd] [形] 密閉された

enforced [infɔ́:rst] [形] 強要された, 強制的な

engaged　　[in**geid**ʒd]　　[形] 婚約した, 忙しい

enlarged　　[in**la:rd**ʒd]　　[形] 拡大した

enlightened　　[in**lai**tnd]　　[形] 啓蒙された, 開化された

enriched　　[in**rit**ʃt]　　[形] 強化された, 濃縮された

erased　　[i**reist**]　　[形] 消された

escaped　　[is**keipt**]　　[形] 逃げた

established　　[i**stæb**liʃt]　　[形] 確立された

excited　　[ik**sai**tid]　　[形] 興奮した

expanded　　[ik**spæn**did]　　[形] 拡大した

experienced　　[ik**spiə**riənst]　　[形] 経験豊かな

exploded　　[ik**splou**did]　　[形] 爆発された

exposed　　[ik**spouzd**]　　[形] 露出された, 明らかになった

extended　　[ik**sten**did]　　[形] 拡張された, 延長された

finished　　[**fini**ʃt]　　[形] 終わった, 完成した

frightened　　[**frai**tnd]　　[形] びっくりした, おびえた

furnished　　[**fə:rni**ʃt]　　[形] 家具付きの

good-natured　　[**gud nei**tʃə:rd]　　[形] 善良な, 温厚の

hardened　　[**ha:rd**nd]　　[形] 固まった, 頑固な, しっかりした

hurried　　[**hə:ri**d]　　[形] 非常に急な

inserted　　[in**sə:r**tid]　　[形] 挿入した

insured　　[in**ʃuər**d]　　[形] 保険に加入した　[名] 被保険者

interested　　[**in**tərəstid]　　[形] 関心のある

interrupted　　[intər**ʌp**tid]　　[形] 中断された, 妨害された, 断続的な

involved　　[in**valv**d]　　[形] 複雑な, 難解な

learned　　[**lə:r**nəd]　　[形] 学識のある

limited　　[**li**mitid]　　[形] 限られた, 制限された

loaded　　[**lou**did]　　[形] 荷物を積んだ, 積載した

married　　[**meə**rid]　　[形] 結婚した

middle **aged**　　[midl **eidʒd**]　　[形] 中年の

naked　　[**nei**kid]　　[形] 裸の, 裸体の

noted　　[**nou**tid]　　[形] 著名な, 有名な

old-fashioned　　[**ould fæ**ʃənd]　　[形] 旧式な, 流行遅れの

op**posed**　　[ə**pouzd**]　　[形] 反対の

or**ganized**　　[**ɔ:rgən**aizd]　　[形] 整理された, 組織化された

pointed　　[**pɔin**tid]　　[形] 先の尖った

pre**pared**　　[pri**peərd**]　　[形] 準備されている, 覚悟している

pro**nounced**　　[prə**naunst**]　　[形] はっきりした, 顕著な

ragged　　[**ræ**gid]　　[形] ぼろの, 荒い

re**fined**　　[ri**faind**]　　[形] 精製した, 精錬された, 洗練された

re**la**ted　　[ri**lei**tid]　　[形] 関係のある, 血縁の

re**laxed**　　[ri**lækst**]　　[形] くつろいだ, 緊張を解いた

re**pea**ted　　[ri**pi:**tid]　　[形] 繰り返された

rugged　　[**rʌ**gid]　　[形] でこぼこした

sacred　　[**sei**krəd]　　[形] 神聖な, 宗教的な

short-sighted　　[**ʃɔ:rt** saitid]　　[形] 近視眼的な, 短見の

studied　　[**stʌ**did]　　[形] 意図的な, 熟考された, 研究された

sup**posed**　　[sə**pouzd**]　　[形] 仮定の, 推定上の

talented　　[**tæl**əntid]　　[形] 才能のある

tender-hearted　　[**ten**dər ha:rtid]　　[形] 気立ての優しい

un**changed**　　[ən**tʃeindʒd**]　　[形] 不変の

un**doub**ted　　[ən**dau**tid]　　[形] 疑う余地がない

unex**pec**ted　　[ənik**spek**tid]　　[形] 予期しない, 突然の

u**ni**ted　　[yu**nai**tid]　　[形] 連合した, 連携した, 協力した

un**li**mited　　[ən**li**mitid]　　[形] 無制限の

un**no**ticed　　[ən**nou**tist]　　[形] 注意を引かない

varied　　[**veə**rid]　　[形] 色とりどりの, 変化した

wasted　[**weis**tid]　[形] 荒廃した, むなしい

wicked　[**wi**kid]　[形] 悪い, 不道徳な, 意地の悪い

wounded　[**wu:n**did]　[形] 負傷した

wretched　[**ret**ʃid]　[形] 哀れな, 気の毒な, 下品な

-ee　(品詞は名詞; 意味は'人')

employee　[imploii:]　[名] 従業員

guarantee　[gerənti:]　[名] 保証人, 保証

-eer　(品詞は名詞; 意味は'人')

engineer　[endʒəniər]　[名] 技師

pioneer　[paiəniər]　[名] 開拓者, 先駆者

volunteer　[valəntiər]　[名] 志願者

-ege　(主な品詞は動詞と名詞)

allege　[əledʒ]　[動] 断言する, 主張する

college　[**ka**lidʒ]　[名] 大学

privilege　[**pri**vəlidʒ]　[名] 特権, 特典

-en　(主な品詞は動詞と形容詞)

brighten　[**brai**tn]　[動] 明るくする, 明るくなる

broaden　[**brɔ:**dn]　[動] 広げる, 広くなる

darken　[**da:r**kən]　[動] 暗くする, 暗くなる

deepen　[**di:**pən]　[動] 深くする, 深まる

enlighten　[in**lai**tn]　[動] 啓蒙する, 開化する

fasten [fǽsn] [動] 固定させる, かける

frighten [fráitn] [動] 驚かせる

golden [góuldn] [形] 金の

harden [háːrdn] [動] 固まる, 硬くなる

hasten [héisn] [動] 急がせる, 急ぐ

lengthen [léŋθn] [動] 長くする

lessen [lésn] [動] 減らす, 少なくする

lighten [láitn] [動] 明るくする, 軽くする

loosen [lúːsn] [動] 緩くする

quicken [kwíkn] [動] 早める, 早くなる

ripen [ráipn] [動] 実る

sharpen [ʃáːrpn] [動] 鋭くする

shorten [ʃɔ́ːrtn] [動] 短くする

soften [sɔ́ːfn] [動] 柔らかくする

straighten [stréitn] [動] まっすぐにする, 整とんする

strengthen [stréŋθn] [動] 強化する, 増強する

threaten [θrétn] [動] 脅かす, 脅迫する

tighten [táitn] [動] しっかり締める

waken [wéikn] [動] 目を覚ませる

weaken [wíːkn] [動] 弱化させる, 弱くなる

widen [wáidn] [動] 広げる, 広がる

wooden [wúdn] [形] 木製の

woolen [wúlən] [形] 毛織物の

-ence (主な品詞は名詞)

absence [ǽbsəns] [名] 欠席, 不在

audience [ɔ́ːdiəns] [名] 聴衆, 観客, 観衆

conference [kánfərəns] [名] 会議

confidence [kánfədəns] [名] 自信, 確信, 信頼

conscience [kánʃəns] [名] 良心

consequence [kánsəkwens] [名] 結果, 重要性

convenience [kənví:nyəns] [名] 便益, 便利

correspondence [kɔ:rəspandəns] [名] 一致, 手紙, 書信

dependence [dipéndəns] [名] 依存, 信頼

difference [dífərəns] [名] 違い, 意見の衝突

diligence [dílədʒəns] [名] 勤勉

eloquence [éləkwəns] [名] 雄弁

eminence [émənəns] [名] 卓越

essence [ésns] [名] 本質, 核心

evidence [évədəns] [名] 証拠

existence [igzístəns] [名] 存在, 生存

experience [ikspíəriəns] [名] 経験 [動] 経験する

inconvenience [inkənví:nyəns] [名] 不便

independence [indəpéndəns] [名] 独立, 自立

indifference [indífərəns] [名] 無関心, 冷淡

influence [ínfluəns] [名] 影響 [動] 影響を与える

innocence [ínəsəns] [名] 純潔, 無罪, 無邪気

intelligence [intélədʒəns] [名] 秘密情報

interference [intərfíərəns] [名] 衝突, 妨害, 干渉

magnificence [mægnífəsəns] [名] 雄大, 壮大

obedience [oubí:diəns] [名] 頑固さ

occurrence [əkə́:rəns] [名] 事件, 発生

patience [péiʃəns] [名] 忍耐, こらえ性

preference [préfərəns] [名] ひいき, 選り好み

presence [prézns] [名] 存在, 出席

providence　[**prɑ**vədəns]　[名] 摂理, 先見の明

reference　[**ref**ərəns]　[名] 参照, 照会, 身元照会先

residence　[**rez**ədəns]　[名] 住居, 居住

reverence　[**rev**ərəns]　[名] 崇拝, 尊敬

science　[**sai**əns]　[名] 科学

self-confidence　[self **kɑn**fədəns]　[名] 自信

sentence　[**sen**təns]　[名] 文章, 判決　[動] 判決を下す

sequence　[**si:**kwəns]　[名] 続編, 後編, 経過

silence　[**sai**ləns]　[名] 沈黙　[動] 沈黙させる

violence　[**vai**ələns]　[名] 暴力, 暴行

-ency　（品詞は名詞）

agency　[**ei**dʒənsi]　[名] 代理店, 作用

currency　[**kə:**rənsi]　[名] 通貨

deficiency　[di**fi**ʃənsi]　[名] 不足, 欠陥

efficiency　[i**fi**ʃənsi]　[名] 効率, 能率

emergency　[i**mə:**rdʒənsi]　[名] 緊急事態

tendency　[**ten**dənsi]　[名] 傾向, 性向

-ent　（主な品詞は形容詞と名詞）

absent　[**æb**sənt]　[形] 欠席した

accident　[**æk**sədənt]　[名] 事故, 偶発事件

ancient　[**ein**ʃənt]　[形] 古代の

apparent　[ə**pe**ərənt]　[形] 明確な

client　[**klai**ənt]　[名] 依頼人, 得意先

competent　[**kɑm**pətənt]　[形] 有能な

confident　[**kɑn**fədənt]　[形] 確信のある, 自信のある

consistent　[kənsistənt]　[形] 一貫した

convenient　[kənvi:nyənt]　[形] 便利な

correspondent　[kɔ:rəspandənt]　[名] 通信員, 特派員

current　[kə:rənt]　[形] 現在の　[名] 流れ, 電流, 傾向

decent　[di:snt]　[形] 大人しい, すばらしい, 適当な

deficient　[difiʃənt]　[形] 不十分な, 欠陥のある

dependent　[dipendənt]　[形] 依存している　[名] 扶養家族

different　[difərənt]　[形] 違う

diligent　[dilədʒənt]　[形] 勤勉な

efficient　[ifiʃənt]　[形] 効率的な, 能率的な

eloquent　[eləkwənt]　[形] 雄弁の, 流暢な

eminent　[emənənt]　[形] 優れた, 顕著な

entire　[intaiər]　[形] 全体の

equivalent　[ikwivələnt]　[形] 同等な, ~に相当する

evident　[evədənt]　[形] 明らかな

excellent　[eksələnt]　[形] 卓越した

existent　[igzistənt]　[形] 生存する

fluent　[flu:ənt]　[形] 流暢な

frequent　[fri:kwənt]　[形] 頻繁な

impatient　[impeiʃənt]　[形] 我慢できない

imprudent　[impru:dənt]　[形] 軽率な, 無分別な

impudent　[impyədənt]　[形] ずうずうしい

incident　[insədənt]　[名] 事件, 出来事

inconvenient　[inkənvi:nyənt]　[形] 不便な

independent　[indəpendənt]　[形] 独立の　[名] 独立した人

indifferent　[indifərənt]　[形] 無関心な, 公平な

inherent　[inhiərənt]　[形] 生まれつきの, 固有の

innocent　[inəsənt]　[形] 純潔な, 罪のない

intelligent　[intelədʒənt]　[形] 聡明な, 賢い

magnificent　[mægnifəsənt]　[形] 素晴らしい, 壮大な

obedient　[oubi:diənt]　[形] 服従する

patent　[pætnt]　[形] 特許の　[名] 特許

patient　[peiʃənt]　[形] 忍耐強い　[名] 患者

permanent　[pə:rmənənt]　[形] 永久の, 不変の

persistent　[pə:rsistənt]　[形] 固執する, 不屈の, 持続する

prevalent　[prevələnt]　[形] 普及した, 広く行われている

prominent　[pramənənt]　[形] 顕著な, 著名な

prudent　[pru:dənt]　[形] 分別のある, 慎重な

recent　[ri:snt]　[形] 最近の

resident　[rezədənt]　[形] 居住する, 固有の　[名] 居住者

silent　[sailənt]　[形] 静かな, 沈黙の

subsequent　[sʌbsikwənt]　[形] 後の, 直後の

sufficient　[səfiʃənt]　[形] 十分な

superintendent　[su:pərintendənt]　[形] 監督する　[名] 監督, 管理者

torrent　[tɔ:rənt]　[名] 急流, にわか雨

transparent　[trænspeərənt]　[形] 透明な

urgent　[ə:rdʒnet]　[形] 緊急の

violent　[vaiələnt]　[形] 乱暴な, 暴力的な

-eous　(品詞は形容詞)

courageous　[kəreidʒəs]　[形] 勇敢な

courteous　[kɔ:rtiəs]　[形] 丁重な

gorgeous　[gɔ:rdʒəs]　[形] 豪華な, 素晴らしい

hideous　[hidiəs]　[形] むごたらしい, 恐ろしい

-er (主な品詞は名詞と動詞; 意味は名詞の場合, 主に'~する人', '~する物')

accuser　[əkyu:zər]　[名] 告発者

administer　[ədminəstər]　[動] 管理する, 施行する

admirer　[ədmaiərər]　[名] 崇拝者

adventurer　[ədventʃərər]　[名] 冒険家

advertiser　[ædvərtaizər]　[名] 広告者

adviser　[ədvaizər]　[名] 忠告者, 助言者

airliner　[eərlainər]　[名] 定期航空機

announcer　[ənaunsər]　[名] アナウンサー

badger　[bædʒər]　[動] いじめる　[名] アナグマ

baker　[beikər]　[名] パン屋

banker　[bæŋkər]　[名] 銀行家

barber　[ba:rbər]　[名] 理髪師

barrier　[beəriər]　[名] 障害, 障害物

batter　[bætər]　[動] 連打する, ぶち壊す

beginner　[biginər]　[名] 初心者

bewilder　[biwildər]　[動] 当惑させる

blender　[blendər]　[名] 混合機, ミキサー

boarder　[bɔ:rdər]　[名] 下宿人

boiler　[bɔilər]　[名] ボイラー

bomber　[bamər]　[名] 爆撃機

borrower　[ba:rouər]　[名] 借り手

bother　[baðər]　[動] 苦しめる, 悩む　[名] 面倒

broadcaster　[brɔ:dkæstər]　[名] 放送人, アナウンサー

brother　[brʌðər]　[名] 兄弟, 兄, 弟

builder　[bildər]　[名] 建築者

butcher　[butʃər]　[名] 屠殺者

butler [bʌtlər] [名] 執事

buyer [baiər] [名] バイヤー, 購入者

caller [kɔːlər] [名] 訪問者

carpenter [kaːrpəntər] [名] 大工

carrier [keəriər] [名] 運輸会社, 保菌者

catcher [kætʃər] [名] キャッチャー

chatter [tʃætər] [動] しゃべりまくる [名] おしゃべり

cleaner [kliːnər] [名] 掃除屋, 洗剤

cluster [klʌstər] [動] 塊を成す [名] 塊

commander [kəmændər] [名] 指揮官, 司令官

commissioner [kəmiʃənər] [名] 委員, 長官

composer [kəmpouzər] [名] 作曲家

confer [kənfəːr] [動] 授与する, 協議する

conquer [kaŋkər] [動] 征服する, 戦い勝つ

consider [kənsidər] [動] 考慮する, 熟考する

consumer [kənsuːmər] [名] 消費者

container [kənteinər] [名] 容器, コンテナー

cooler [kuːlər] [名] 冷却装置, 冷蔵機

cracker [krækər] [名] クラッカー, 爆竹

customer [kʌstəmər] [名] 顧客

dagger [dægər] [名] 短剣

dancer [dænsər] [名] ダンサー, 舞姫

daughter [dɔːtər] [名] 娘

dealer [diːlər] [名] ディーラー, 商人

deliver [dilivər] [動] 伝える, 演説する

deliverer [dilivərər] [名] 救助者, 配達人

designer [dizainər] [名] 設計者, デザイナー

destroyer [distrɔiər] [名] 破壊者

developer　[divéləpər]　[名] 開発者, デベロッパー, 現像液

differ　[dífər]　[動] 異なる, 合わない

discover　[diskʌ́vər]　[動] 発見する

discoverer　[diskʌ́vərər]　[名] 発見者

drawer　[drɔ́:ər]　[名] 製図者, 手形発行人, 引き出し

driver　[dráivər]　[名] 運転士, 運転者

dyer　[dáiər]　[名] 染色工

embroider　[imbrɔ́idər]　[動] 縫取りする

employer　[implɔ́iər]　[名] 雇用者

encounter　[inkáuntər]　[動] 偶然出会う, 直面する

entertainer　[entərtéinər]　[名] 芸能人

eraser　[iréisər]　[名] 消しゴム

explorer　[iksplɔ́:rər]　[名] 探険家

exporter　[ekspɔ́:rtər]　[名] 輸出業者

extinguisher　[ikstíŋgwiʃər]　[名] 消火器

farmer　[fá:rmər]　[名] 農夫, 農家

father　[fáðər]　[名] 父

fighter　[fáitər]　[名] 闘士, 戦士, 戦闘機

flatter　[flǽtər]　[動] お世辞をする

flicker　[flíkər]　[動] 点滅する

flipper　[flípər]　[名] 水かき

flower　[fláuər]　[動] 花が咲く　[名] 花

flutter　[flʌ́tər]　[動] 跳ねる, どきどきする

follower　[fálouər]　[名] 追従者, 随行員

forefather　[fɔ́:rfaðər]　[名] 祖先, 先祖

foreigner　[fɔ́:rənər]　[名] 外国人

foster　[fɔ́:stər]　[動] 養育する, 促進する

founder　[fáundər]　[名] 設立者

gambler　[**gæm**blər]　[名] 賭博師

gardener　[**ga:r**dnər]　[名] 庭師

gather　[**gæ**ðər]　[動] 集める

glider　[**glai**dər]　[名] 滑空機, グライダー

granddaughter　[**grænd**ɔ:tər]　[名] 孫娘

grandfather　[**grænd**faðər]　[名] 祖父

grandmother　[**grænd**məðər]　[名] 祖母

grocer　[**grou**sər]　[名] 食料雑貨商

helper　[**hel**pər]　[名] 助ける人, 助力者

holder　[**houl**dər]　[名] 所持人, 所有者

housekeeper　[**haus**ki:pər]　[名] 主婦

hunger　[**hʌŋ**gər]　[動] 飢える　[名] 飢餓, 飢え

hunter　[**hʌn**tər]　[名] 狩人

interpreter　[in**tə:r**prətər]　[名] 通訳人, 解説者

keeper　[**ki:**pər]　[名] 保護者, 管理人, 守備者

laborer　[**lei**bərər]　[名] 労働者

lawyer　[**lɔ:**yər]　[名] 弁護士, 法律家

layer　[**lei**ər]　[名] 層, ~を置く人

leader　[**li:**dər]　[名] 指導者, リーダー

learner　[**lə:r**nər]　[名] 学習者

lecturer　[**lek**tʃərər]　[名] 講演者, 講師

linger　[**liŋ**gər]　[動] ぐずぐずする

listener　[**lis**nər]　[名] 聴取者

litter　[**li**tər]　[動] 散らかす　[名] ごみ

loiter　[**lɔi**tər]　[動] ぶらぶらする

lover　[**lʌ**vər]　[名] 愛人, 恋人

maker　[**mei**kər]　[名] 製作者, 製造業者

manager　[**mæ**nidʒər]　[名] 経営者, 支配人

manufacturer　[mænyəfæktʃərər]　[名] 製造業者

master　[mæstər]　[動] 支配する　[名] 主人, 大家

messenger　[mesəndʒər]　[名] 使者

miller　[milər]　[名] 精米所主人, 製粉業者

miner　[mainər]　[名] 鉱夫

minister　[minəstər]　[名] 長官, 牧師

miser　[maizər]　[名] けちん坊

modifier　[madəfaiər]　[名] 修飾語

monster　[manstər]　[名] 怪物, 巨人

mother　[mʌðər]　[名] 母

murderer　[məːrdərər]　[名] 殺人者

mutter　[mʌtər]　[動] 呟く　[名] 呟き

observer　[əbzəːrvər]　[名] 観察者, 遵守者

officer　[ɔːfisər]　[名] 公務員, 将校, 警官

order　[ɔːrdər]　[動] 命令する　[名] 命令, 順序

owner　[ounər]　[名] 所有者, 家主

painter　[peintər]　[名] ペイントボール, 画家

partner　[paːrtnər]　[名] パートナー, 配偶者, 相手

passenger　[pæsəndʒər]　[名] 乗客

philosopher　[filasəfər]　[名] 哲学者, 賢人

plaster　[plæstər]　[動] しっくいを塗る　[名] しっくい

player　[pleiər]　[名] 選手, 音楽家, 演技者

plunderer　[plʌndərər]　[名] 略奪者

pointer　[pɔintər]　[名] 指示する人, 指示棒

porter　[pɔːrtər]　[名] 運搬人

powder　[paudər]　[動] 製粉する　[名] 粉, 粉末

prayer　[preiər]　[名] 祈る人, 嘆願者

preacher　[priːtʃər]　[名] 説教者, 牧師

prime minister [praim minəstər] [名] 国務総理, 首相

printer [printər] [名] プリンター, 印刷機, 印刷屋

prisoner [priznər] [名] 囚人, 捕虜

producer [prədyu:sər] [名] 生産者, 製作者

propeller [prəpelər] [名] プロペラ, 推進機

prosper [praspər] [動] 繁栄する

publisher [pʌbliʃər] [名] 出版者, 発行者

quiver [kwivər] [動] 震える [名] 震え, 振動

reader [ri:dər] [名] 読者

receiver [risi:vər] [名] 受領人, 受信機, 受話器

recorder [rikɔ:rdər] [名] 記録者, 録音機

record player [rekərd pleiər] [名] レコードプレーヤー, 蓄音機

re-cover [ri:kʌvər] [動] 再び覆う

recover [rikʌvər] [動] 取り戻す, 回復する, 復旧される

refer [rifə:r] [動] 参照する, ～のせいにする

register [redʒəstər] [動] 登録する [名] 登録

remember [rimembər] [動] 考え出す, 覚えている

render [rendər] [動] ～にする, 報いる

reporter [ripɔ:rtər] [名] 報告者, 報道記者

rider [raidər] [名] 乗る人, 騎手

robber [rabər] [名] 強盗

roller [roulər] [名] ローラー, 円筒状の棒

ruler [ru:lər] [名] 統治者, 定規

runner [rʌnər] [名] 走る人, レーサー, 競走者

saucer [sɔ:sər] [名] 受け皿

schoolmaster [sku:lmæstər] [名] 男子教師

seller [selər] [名] 販売員, 売れる物

settler [setlər] [名] 定着者, 解決者

shatter [ʃætər] [動] 粉々に砕く

shelter [ʃeltər] [動] 避難する [名] 避難所, 隠れ家

shiver [ʃivər] [動] 寒さに震える, 身震いする

shoemaker [ʃuːmeikər] [名] 靴屋

shopkeeper [ʃapkiːpər] [名] 店主

shoulder [ʃouldər] [動] 肩に担う [名] 肩

shower [ʃauər] [動] にわか雨が降る [名] にわか雨

shudder [ʃʌdər] [動] 身震いする [名] 戦慄

shutter [ʃʌtər] [名] 閉める人(物), よろい戸, 雨戸

singer [siŋər] [名] 歌手

sister [sistər] [名] 姉妹, 姉, 妹

slaughter [slɔːtər] [動] 屠殺する [名] 虐殺, 屠殺

slipper [slipər] [名] スリッパ

slumber [slʌmbər] [動] うたた寝をする [名] うたた寝

soldier [souldʒər] [名] 兵士

speaker [spiːkər] [名] 話す人, 演説者, スピーカー

stagger [stægər] [動] よろける [名] よろめき

stammer [stæmər] [動] 口ごもる [名] 口ごもる人

steamer [stiːmər] [名] 蒸気船, 蒸気機関

stranger [streindʒər] [名] 見知らぬ人, 門外漢

stroller [stroulər] [名] 散歩する人, 乳母車

suffer [sʌfər] [動] 苦痛を受ける, 苦しむ

supporter [səpɔːrtər] [名] 支持者, 後援者

surrender [sərendər] [動] 降伏する [名] 降伏

swimmer [swimər] [名] スイマー

taper [teipər] [動] 次第に細くなる, 次第に減る

tape recorder [teip rikɔːrdər] [名] 録音機, テープレコーダー

teacher [tiːtʃər] [名] 先生, 教師

teenager　[**ti:**neidʒər]　[名] 十代の人

temper　[**tem**pər]　[動] 軽減する　[名] 性質, 気分

tender　[**ten**dər]　[動] 提出する　[形] 柔らかい

trainer　[**trei**nər]　[名] 訓練者, 練習用具

traveler　[**træ**vələr]　[名] 旅行者

treasurer　[**tre**ʒərər]　[名] 会計(出納) 担当者

typewriter　[**taip**raitər]　[名] タイプライター

uncover　[ən**kʌ**vər]　[動] 暴露する, 蓋を開ける

undertaker　[əndər**tei**kər]　[名] 葬儀屋, 引き受け人

user　[**yu:**zər]　[名] 使用者, ユーザー

utter　[**ʌ**tər]　[動] 話す　[形] 全くの, 完全な

villager　[**vi**lidʒər]　[名] 村人

voter　[**vou**tər]　[名] 有権者

waiter　[**wei**tər]　[名] ウェイター, 給仕

wander　[**wan**dər]　[動] さまよう, さすらう, うねる

whisper　[**wis**pər]　[動] ささやく　[名] ささやき

winner　[**wi**nər]　[名] 勝者

winter　[**win**tər]　[動] 冬を過ごす　[名] 冬

wither　[**wi**ðər]　[動] しおれる

wonder　[**wʌn**dər]　[動] 疑う　[名] 驚き, 奇跡

worker　[**wə:r**kər]　[名] 労働者

writer　[**rai**tər]　[名] 作家, 著者

-ery　(品詞は名詞)

artillery　[a:r**ti**ləri]　[名] 大砲

bakery　[**bei**kəri]　[名] パン屋さん

battery　[**bæ**təri]　[名] バッテリー, 電池

bravery　　[**brei**vəri]　　[名] 勇気

cemetery　　[**se**məteri]　　[名] 墓地

delivery　　[di**li**vəri]　　[名] 引渡し, 配達, 出産

discovery　　[dis**kʌ**vəri]　　[名] 発見

flattery　　[**flæ**təri]　　[名] お世辞

gallery　　[**gæ**ləri]　　[名] 画廊

machinery　　[mə**ʃi:**nəri]　　[名] 機械類

misery　　[**mi**zəri]　　[名] 不幸, 悲惨

mystery　　[**mis**təri]　　[名] 神秘, 不可思議

nursery　　[**nə:r**səri]　　[名] 保育園

recovery　　[ri**kʌ**vəri]　　[名] 回復, 復旧

robbery　　[**ra**bəri]　　[名] 強盗 (行為)

scenery　　[**si:**nəri]　　[名] 風景, 舞台背景

slavery　　[**slei**vəri]　　[名] 奴隷の身分, 奴隷制度

treachery　　[**tret**ʃəri]　　[名] 裏切り, 反逆

-ese　(品詞は形容詞と名詞)

Chinese　　[tʃai**ni:z**]　　[形] 中国の　[名] 中国人

Japanese　　[dʒæpə**ni:z**]　　[形] 日本の　[名] 日本人, 日本語

-esque　(品詞は形容詞と名詞)

picturesque　　[piktʃə**resk**]　　[形] 絵のような, 美しい

-ess　(品詞は名詞; 意味は'女性')

actress　　[**æk**tres]　　[名] 女優

duchess　　[**dʌ**tʃes]　　[名] 公爵夫人

empress　　[**em**pres]　　[名] 皇后

goddess　[**ga**des]　[名] 女神

hostess　[**hou**stes]　[名] 宴会の女主人, 接待婦

mistress　[**mis**tres]　[名] 女主人, 主婦

princess　[**prin**ses]　[名] 姫

stewardess　[**styu:**ərdes]　[名] 女性乗務員

waitress　[**weit**res]　[名] ウェイトレス, 女給仕

-ette　(品詞は名詞; 意味は'小')

cassette　[kə**set**]　[名] カセット

cigarette　[sigə**ret**]　[名] タバコ

etiquette　[**eti**kət]　[名] エチケット, 礼儀

-ety　(品詞は名詞)

society　[sə**sai**əti]　[名] 社会, 組織, 集団

variety　[və**rai**əti]　[名] 多様性, 変化, 多種多様な物

-fle/ffle　(品詞は動詞と名詞)

ruffle　[**rʌ**fl]　[動] 波が立つ　[名] しわ, 波紋

trifle　[**trai**fl]　[名] 些細なこと, 小銭

-fold　(品詞は形容詞)

manifold　[**mæ**nəfould]　[形] 多様な, いろいろな

-ful　(主な品詞は形容詞)

awful　[**ɔ:**fl]　[形] 恐ろしい, ひどい

beautiful　[**byu**:tifl]　[形] 美しい

boastful　[**boust**fl]　[形] 自慢の

careful　[**keər**fl]　[形] 慎重な

cheerful　[**tʃiər**fl]　[形] 嬉しい

colorful　[**kʌlər**fl]　[形] カラフルな, 華麗な

cupful　[**kʌp**ful]　[名] カップいっぱいの量

deceitful　[di**si**:tfl]　[形] 偽の

delightful　[di**lait**fl]　[形] とても楽しい

doubtful　[**daut**fl]　[形] 疑わしい

dreadful　[**dred**fl]　[形] 恐ろしい

faithful　[**feiθ**fl]　[形] 信頼できる, 誠実な

fearful　[**fiər**fl]　[形] 怖い

fretful　[**fret**fl]　[形] いらいらした

fruitful　[**fru**:tfl]　[形] 実が多い, 肥沃な

graceful　[**greis**fl]　[形] 優雅な

grateful　[**greit**fl]　[形] 感謝する

handful　[**hænd**fl]　[名] 一握り, 少量

harmful　[**ha**:rmfl]　[形] 有害な

hateful　[**heit**fl]　[形] 憎い, 嫌いな

helpful　[**help**fl]　[形] 役に立つ, 有用な

hopeful　[**houp**fl]　[形] 希望する

joyful　[**dʒɔi**fl]　[形] 喜びに満ちた

lawful　[**lɔ**:fl]　[形] 合法的な, 法律上の

merciful　[**mə**:rsifl]　[形] 慈悲深い

mournful　[**mɔ**:rnfl]　[形] 悲しい

painful　[**pein**fl]　[形] 痛い, 辛い, 厳しい

peaceful　[**pi**:sfl]　[形] 平和な, 穏やかな

plentiful　[**plen**tifl]　[形] 豊富な

powerful	[pauərfl]	[形]	強い, 強力な
scornful	[skɔ:rnfl]	[形]	軽蔑に満ちた
shameful	[ʃeimfl]	[形]	恥ずかしい
skillful	[skilfl]	[形]	巧みな
sorrowful	[sa:roufl]	[形]	悲しい, 悲しくさせる
successful	[səksesfl]	[形]	成功した
thankful	[θæŋkfl]	[形]	感謝している
thoughtful	[θɔ:tfl]	[形]	思慮深い, 思いやりのある
ungrateful	[əngreitfl]	[形]	恩知らずの
unlawful	[ənlɔ:fl]	[形]	不法の, 違法の
useful	[yu:sfl]	[形]	有益な, 便利な
wonderful	[wʌndərfl]	[形]	驚くべき, 素晴らしい
youthful	[yu:θfl]	[形]	若い, 青年の, 若者の

-fy （品詞は動詞）

classify	[klæsəfai]	[動]	分類する
defy	[difai]	[動]	抵抗する
dignify	[dignəfai]	[動]	威厳を与える
gratify	[grætəfai]	[動]	満足させる
identify	[aidentəfai]	[動]	同一視する, 確認する
intensify	[intensəfai]	[動]	強くする, 増大させる
justify	[dʒʌstəfai]	[動]	正当化する, 解明する
magnify	[mægnəfai]	[動]	拡大する, 誇張する
modify	[madəfai]	[動]	修正する, 修飾する
notify	[noutəfai]	[動]	通知する, 通告する
qualify	[kwaləfai]	[動]	資格を与える
satisfy	[sætəsfai]	[動]	満足させる, 満たす

signify　[**sig**nəfai]　[動] 意味する, 前兆を見せる

simplify　[**sim**pləfai]　[動] 単純化する, 簡単にする

terrify　[**te**ərəfai]　[動] 怖がらせる, 驚かす

testify　[**tes**təfai]　[動] 証言する, 証明する

-gle/ggle　（品詞は名詞と動詞）

angle　[**æ**ŋgl]　[名] 角度

bugle　[**byu:**gl]　[名] ラッパ

eagle　[**i:**gl]　[名] ワシ

juggle　[**dʒʌ**gl]　[動] 魔法をかける, だます　[名] 魔法

jungle　[**dʒʌ**ŋgl]　[名] ジャングル, 密林

mingle　[**mi**ŋgl]　[動] 混ぜる

right angle　[rait **æ**ŋgl]　[名] 直角

single　[**si**ŋgl]　[形] 唯一の, 独身の　[名] 唯一, 独身

struggle　[**str**ʌgl]　[動] 争う　[名] 闘争, 身もだえ

-graph　（品詞は名詞と動詞）

paragraph　[**pæ**rəgræf]　[動] 節に分ける　[名] 節, 段落

photograph　[**fou**təgræf]　[名] 写真

telegraph　[**te**ləgræf]　[名] 電報, 電信

-graphy　（品詞は名詞）

biography　[bai**a**grəfi]　[名] 伝記

geography　[dʒi:**a**grəfi]　[名] 地理学

-hood (品詞は名詞)

boyhood　　[**bɔi**hud]　　[名] 少年時代

childhood　　[**tʃaild**hud]　　[名] 幼年期

livelihood　　[**laiv**lihud]　　[名] 生計, 暮らし

manhood　　[**mæn**hud]　　[名] 男らしさ, 成人

neighborhood　　[**nei**bərhud]　　[名] 近所, 隣

-ible (主な品詞は形容詞; 意味は主に'~できる')

horrible　　[**hɔ:r**əbl]　　[形] 恐ろしい, むごたらしい

impossible　　[im**pa**səbl]　　[形] 不可能な

incredible　　[in**kre**dəbl]　　[形] 信じられない

invisible　　[in**viz**əbl]　　[形] 目に見えない

plausible　　[**plɔ:z**əbl]　　[形] もっともらしい

possible　　[**pa**səbl]　　[形] 可能な　[名] 可能なこと

responsible　　[ri**span**səbl]　　[形] 責任ある, 信頼できる

sensible　　[**sen**səbl]　　[形] 分別のある, 賢明な

terrible　　[**teər**əbl]　　[形] 恐ろしい, 巨大な, 途方も無い

visible　　[**viz**əbl]　　[形] 目に見える, 明らかな

-ic (品詞は形容詞と名詞)

Antarctic　　[æn**ta:rk**tik]　　[形] 南極の　[地] 南極

Arabic　　[**ær**əbik]　　[形] アラビアの　[名] アラビア語

Arctic　　[**a:rk**tik]　　[形] 古代の　[地] 北極

artistic　　[a:r**tis**tik]　　[形] 芸術的な

athletic　　[æθ**le**tik]　　[形] 運動の

Atlantic　　[ət**læn**tik]　　[形] 大西洋の　[地] 大西洋

atomic　[ətamik]　[形] 原子の

authentic　[ɔ:θentik]　[形] 信頼できる, 確実な, 本物の

automatic　[ɔ:təmætik]　[形] 自動の

basic　[beisik]　[形] 基本的な

characteristic　[kæriktəristik]　[形] 特徴的な　[名] 特徴

classic　[klæsik]　[形] 古典的な　[名] 古典作品, 名作

comic　[kamik]　[形] 喜劇の

critic　[kritik]　[名] 批評家, 批判者

cubic　[kyu:bik]　[形] 立方体の, 立方の

democratic　[deməkrætik]　[形] 民主主義の

domestic　[dəmestik]　[形] 国内の, 国産の, 家庭の

dramatic　[drəmætik]　[形] 劇的な

economic　[ekənamik]　[形] 経済上の, 経済学の

elastic　[ilæstik]　[形] 弾力性のある, 柔軟な

electric　[ilektrik]　[形] 電気の, 電撃的な

energetic　[enərdʒetik]　[形] 精力的な, 強力な

enthusiastic　[inθu:ziæstik]　[形] 熱狂的な

fantastic　[fæntæstik]　[形] 幻想的な, 途方も無い

frantic　[fræntik]　[形] 狂乱の

gigantic　[dʒaigæntik]　[形] 巨大な

gymnastic　[dʒimnæstik]　[形] 体操の　[名] 訓練

heroic　[hirouik]　[形] 英雄の, 英雄的な

historic　[histɔ:rik]　[形] 歴史の, 歴史上の

magic　[mædʒik]　[形] 魔法の　[名] 魔法, 魔力, 妖術

majestic　[mədʒestik]　[形] 威厳のある, 堂々たる

mechanic　[məkænik]　[名] 機械修理工

microscopic　[maikrəskapik]　[形] 顕微鏡の, ごく小さな

music　[myu:zik]　[名] 音楽

pacific　　[pəsifik]　　[形] 平和な, 穏やかな

panic　　[pænik]　　[形] 当惑される [名] 恐れ

pathetic　　[pəθetik]　　[形] 気の毒な, 感動的な

patriotic　　[peitriatik]　　[形] 愛国的な

philosophic　　[filəsafik]　　[形] 哲学の, 理性的な

pubic　　[pyu:bik]　　[形] 陰部の

public　　[pʌblik]　　[形] 公共の, 公開の　[名] 大衆

romantic　　[roumæntik]　　[形] ロマンチックな, 恋愛小説的な

rustic　　[rʌstik]　　[形] 田舎の, 素朴な

sarcastic　　[sa:rkæstik]　　[形] 皮肉な

scientific　　[saiəntifik]　　[形] 科学的な

specific　　[spəsifik]　　[形] 特殊な, 独特の

sympathetic　　[simpəθetik]　　[形] 同情的な

systematic　　[sistəmætik]　　[形] 体系的な

terrific　　[tərifik]　　[形] 大変な, すごい, 素晴らしい

theoretic　　[θi:əretik]　　[形] 理論上の, 理論の

tragic　　[trædʒik]　　[形] 悲劇の, 悲劇的な

-ical （品詞は形容詞と名詞）

arithmetical　　[əriθmətikəl]　　[形] 算数の

chemical　　[kemikəl]　　[形] 化学の　[名] 化学物質

classical　　[klæsikəl]　　[形] 古典的な, 伝統的な

critical　　[kritikəl]　　[形] 重大な, 危篤な

economical　　[ekənamikəl]　　[形] 経済的な, 節約する

electrical　　[ilektrikəl]　　[形] 電気の

historical　　[histɔ:rikəl]　　[形] 歴史的な, 歴史上

identical　　[aidentikəl]　　[形] 同じ, 同一の

logical　　[la dʒikəl]　　[形] 論理学の, 論理的な

mechanical　　[məkænikəl]　　[形] 機械の

medical　　[medikəl]　　[形] 医学の, 内科の

microscopical　　[maikrəskapikəl]　　[形] 顕微鏡の, ごく小さな

musical　　[myu:zikəl]　　[形] 音楽の, 音楽的な　[名] ミュージカル

philosophical　　[filəsafikəl]　　[形] 哲学の, 理性的な

physical　　[fizikəl]　　[形] 肉体の, 物質の

political　　[pəlitikəl]　　[形] 政治の, 政治的な

practical　　[præktikəl]　　[形] 実際の, 実際的な, 実用的な

radical　　[rædikəl]　　[形] 過激な, 根本的な　[名] 過激派

technical　　[teknikəl]　　[形] 技術的な, 技術上の

tropical　　[trapikəl]　　[形] 熱帯地方の

typical　　[tipikəl]　　[形] 典型的な

vertical　　[və:rtikəl]　　[形] 垂直の, 縦の

zoological　　[zouəladʒikəl]　　[形] 動物学の, 動物に関する

-ice　(主な品詞は名詞)

apprentice　　[əprentis]　　[名] 弟子, 見習生

injustice　　[indʒʌstis]　　[名] 不正, 不公平

justice　　[dʒʌstis]　　[名] 正義, 公平, 判事

malice　　[mælis]　　[名] 悪意

office　　[ɔ:fis]　　[名] 事務室, 役所

post office　　[poust ɔ:fis]　　[名] 郵便局

practice　　[præktis]　　[名] 実行, 業務　[動] 実行する

prejudice　　[predʒədis]　　[名] 偏見, 先入観

service　　[sə:rvis]　　[名] 奉仕, ケア, サービス, 職務

-ics (品詞は名詞)

athletics   [æθletiks]   [名] 運動競技

gymnastics   [dʒimnæstiks]   [名] 体操

mathematics   [mæθəmætiks]   [名] 数学

physics   [fiziks]   [名] 物理学

politics   [palətiks]   [名] 政治, 政治学, 策略

statistics   [stətistiks]   [名] 統計, 統計学

tropics   [trapiks]   [名] 熱帯地方

-ile (品詞は形容詞, 名詞, 動詞)

exile   [egzail]   [名] 亡命, 追放   [動] 亡命する

fertile   [fə:rtəl]   [形] 肥沃な, 豊かな

futile   [fyu:tl]   [形] 役に立たない

hostile   [hastəl]   [形] 敵意を持った, 敵対する

missile   [misəl]   [名] ミサイル

reconcile   [rekənsail]   [動] 和解させる, 調和させる

textile   [tekstail]   [形] 紡績された, 織物の   [名] 織物, 繊維

-ing (主な品詞は形容詞と名詞)

abiding   [əbaidiŋ]   [形] 永遠の

abounding   [əbaundiŋ]   [形] 豊富な

according   [əkɔ:rdiŋ]   [形] 一致した   [副] ~によって, ~によると

accusing   [əkyu:ziŋ]   [形] 非難するような

acting   [æktiŋ]   [形] 代理の   [名] 演技

adjoining   [ədʒɔiniŋ]   [形] 隣接する, 隣の

admiring   [ədmaiəriŋ]   [形] 感嘆する, 賞賛する

advertising　[ǽdvərtaiziŋ]　[形] 広告の　[名] 広告業

amazing　[əméiziŋ]　[形] 驚くべき

amusing　[əmjúːziŋ]　[形] 楽しい

appealing　[əpíːliŋ]　[形] 感動的な, 訴えるような

astonishing　[əstániʃiŋ]　[形] 驚くべき

bathing　[béiðiŋ]　[形] お風呂の　[名] お風呂

batting　[bǽtiŋ]　[名] 打撃

bearing　[béəriŋ]　[名] 態度, 関係, 忍耐

beginning　[bigíniŋ]　[名] スタート

bleeding　[blíːdiŋ]　[形] 出血する　[名] 出血

blessing　[blésiŋ]　[名] 祝福

bombing　[bámiŋ]　[名] 爆撃

boxing　[báksiŋ]　[名] 拳闘, ボクシング

building　[bíldiŋ]　[名] 建物, ビル

burning　[bə́ːrniŋ]　[形] 燃える

camping　[kǽmpiŋ]　[名] キャンプ

carpeting　[káːrpətiŋ]　[名] カーペットの生地

ceiling　[síːliŋ]　[名] 天井

charming　[tʃáːrmiŋ]　[形] 魅力的な, 美貌の

cleaning　[klíːniŋ]　[名] 掃除

clothing　[klóuðiŋ]　[名] 衣類

coming　[kʌ́miŋ]　[名] 接近, 到来

compromising　[kámprəmaiziŋ]　[形] 名誉を傷つける

concerning　[kənsə́ːrniŋ]　[形] 厄介な　[前] ～について

confusing　[kənfjúːziŋ]　[形] 混乱させる, 当惑される

considering　[kənsídəriŋ]　[前] ～を考慮すると

cooking　[kúkiŋ]　[形] 料理の　[名] 料理

counseling　[káunsəliŋ]　[名] 個人相談, カウンセリング

covering [kʌvəriŋ] [形] 覆う [名] カバー

crossing [krɔːsiŋ] [名] 交差点, 横断歩道

crying [kraiiŋ] [形] 叫び声

cunning [kʌniŋ] [形] 狡猾な, 巧みな

cutting [kʌtiŋ] [形] 鋭い [名] 切断

cycling [saikliŋ] [名] サイクリングツアー, サイクリング

dancing [dænsiŋ] [名] ダンス

daring [deəriŋ] [形] 勇敢な [名] 勇敢

darling [daːrliŋ] [形] 愛しい [名] 愛しい人

dealing [diːliŋ] [名] 行動, 取引関係

disgusting [disgʌstiŋ] [形] すごく嫌な, 不快な

diving [daiviŋ] [名] 潜水, ダイビング

drawing [drɔːiŋ] [名] 絵画, スケッチ, 引くこと

drinking [driŋkiŋ] [名] 飲酒

driving [draiviŋ] [形] 推進する [名] 運転

dwelling [dweliŋ] [名] 住居

dying [daiiŋ] [形] 臨終の [名] 死, 臨終

eating [iːtiŋ] [名] 食べること, 食品

embarrassing [imbeərəsiŋ] [形] 困った, 厄介な

ending [endiŋ] [名] 結末, 終末

engineering [endʒəniəriŋ] [名] 工学

everlasting [evərlæstiŋ] [形] 永遠の

exceeding [iksiːdiŋ] [形] 過度な, すごい

excepting [ikseptiŋ] [前] ～ を除いて

exciting [iksaitiŋ] [形] 興奮させる, 刺激的な

excluding [iksкluːdiŋ] [前] ～を除いて

feeling [fiːliŋ] [名] 感じ, 肌触り

fencing [fensiŋ] [名] フェンシング

fighting　[**faiti**ŋ]　[名] 戦い, 闘争

finding　[**faindi**ŋ]　[名] 発見物

fishing　[**fiʃi**ŋ]　[名] 釣り

flattering　[**flætəri**ŋ]　[形] へつらう

floating　[**flouti**ŋ]　[形] 浮いている

flying　[**flaii**ŋ]　[形] 空を飛ぶ, 差し迫った　[名] 飛行

following　[**fa**louiŋ]　[形] 次の

frightening　[**fraitni**ŋ]　[形] 怖い

gardening　[**ga:r**dniŋ]　[名] 園芸

gathering　[**gæðəri**ŋ]　[名] 集まり, 集会

going　[**goui**ŋ]　[名] 出発

good-looking　[**gud lu**kiŋ]　[形] 魅力的な, 美貌の

greeting　[**gri:ti**ŋ]　[名] 歓迎, 挨拶

handwriting　[**hænd**raitiŋ]　[名] 手記

hanging　[**hæ**ŋiŋ]　[名] 掛かり, 絞首刑

hearing　[**hiəri**ŋ]　[名] 聴覚, 聴聞会

hiking　[**hai**kiŋ]　[名] 徒歩旅行

hunting　[**hʌnti**ŋ]　[名] 狩り

interesting　[**in**tərəstiŋ]　[形] おもしろい, 関心をひく

keeping　[**ki:**piŋ]　[名] 管理, 保存, 一致

knowing　[**noui**ŋ]　[形] 知識のある, 賢い

landing　[**lændi**ŋ]　[名] 上陸, 着陸

lasting　[**læsti**ŋ]　[形] 永遠の

leading　[**li:di**ŋ]　[形] 先導する　[名] 指導, 統率

learning　[**lə:rni**ŋ]　[名] 学問, 知識

lightning　[**laitni**ŋ]　[名] 稲妻

liking　[**lai**kiŋ]　[名] 好み, 嗜好

living　[**livi**ŋ]　[形] 生きている　[名] 生存, 生活

lodging　[lɑdʒiŋ]　[名] 宿所, 下宿部屋

longing　[lɔ:ŋiŋ]　[名] 憧憬, 熱望

loving　[lʌviŋ]　[形] 愛する, 愛情のこもった

lying　[laiiŋ]　[形] 偽りの　[名] 嘘をつくこと

meaning　[mi:niŋ]　[名] 意味

meeting　[mi:tiŋ]　[名] 出会い, 会合, 集会

mining　[mainiŋ]　[名] 鉱業, 採鉱

misleading　[misli:diŋ]　[形] 誤解させる

missing　[misiŋ]　[形] 行方不明の

misunderstanding　[misəndərstændiŋ]　[名] 誤解

mourning　[mɔ:rniŋ]　[名] 悲しみ, 哀悼

moving　[mu:viŋ]　[形] 動く, 感動的な

neighboring　[neibəriŋ]　[形] 近所の, 隣接している

notwithstanding　[natwiθstændiŋ]　[前] ～にもかかわらず

offering　[ɔ:fəriŋ]　[名] 献金, 貢献

opening　[oupəniŋ]　[名] 穴, 開始, 開放, 欠員

outstanding　[autstændiŋ]　[形] 著しい, 未解決の, 未払いの

owing　[ouiŋ]　[形] 借りている, ～に起因する

painting　[peintiŋ]　[名] 絵, 彩色

passing　[pæsiŋ]　[形] 通行する, 通過する

pleasing　[pli:ziŋ]　[形] 楽しい, 好感のもてる

pressing　[presiŋ]　[形] 緊急な, 切迫した

prevailing　[priveiliŋ]　[形] 優勢な, 広く普及している

printing　[printiŋ]　[名] 印刷, 印刷術

promising　[praməsiŋ]　[形] 有望な

reading　[ri:diŋ]　[名] 読書

regarding　[riga:rdiŋ]　[前] ～について

revolting　[rivoultiŋ]　[形] 反乱する, 反抗する

rolling　[**rou**liŋ]　[形] 転がる　[名] 転がり, 回転

ruling　[**ru**:liŋ]　[形] 支配する, 優勢な　[名] 支配, 判決

running　[**rʌ**niŋ]　[形] 走る, 流れる

saying　[**sei**iŋ]　[名] 格言, ことわざ

searching　[**sə**:rtʃiŋ]　[形] 捜索する

seeing　[**si**:iŋ]　[名] 見ること

sewing　[**sou**iŋ]　[名] 裁縫, ソーイング, 針仕事

shipping　[**ʃi**piŋ]　[名] 船積み, 託送, 海運業

shooting　[**ʃu**:tiŋ]　[名] 射撃, 発射

shopping　[**ʃa**piŋ]　[名] ショッピング, 買い物

sightseeing　[**sait**si:iŋ]　[形] 観光の　[名] 観光

singing　[**siŋ**iŋ]　[形] 歌う　[名] 歌うこと, 唱歌

skating　[**skei**tiŋ]　[名] スケートで滑ること

skiing　[**ski**:iŋ]　[名] スキーで滑ること

sleeping　[**sli**:piŋ]　[形] 眠っている　[名] 睡眠

spelling　[**spe**liŋ]　[名] 綴字法, スペリング

standing　[**stæn**diŋ]　[形] 立っている　[名] 立つこと, 地位

startling　[**sta**:rtliŋ]　[形] 驚くべき

striking　[**strai**kiŋ]　[形] 打撃の, 目立つ

suffering　[**sʌ**fəriŋ]　[形] 苦しんでいる　[名] 労苦, 受難

surprising　[sər**prai**ziŋ]　[形] 驚くべき

sweeping　[**swi**:piŋ]　[形] 一掃する　[名] 掃除, 一掃

swimming　[**swi**miŋ]　[形] 水泳用の　[名] 泳ぎ, 水泳

talking　[**tɔ**:kiŋ]　[形] 物を言う　[名] 会話, 雑談

teaching　[**ti**:tʃiŋ]　[名] 教育, 教職

thanksgiving　[θæŋks**gi**viŋ]　[名] 感謝, 謝恩, 感謝祭

thinking　[**θiŋ**kiŋ]　[形] 考える, 理性的な　[名] 思索

touching　[**tʌ**tʃiŋ]　[形] 感動的な

training　[**trei**niŋ]　[名] 訓練, 練習

traveling　[**træ**vəliŋ]　[形] 旅行の　[名] 旅行

trifling　[**trai**fliŋ]　[形] つまらない, 役に立たない

trying　[**trai**iŋ]　[形] 耐えがたい, 面倒な

turning　[**tə:r**niŋ]　[名] 回転, 変化, 角, 岐路

twinkling　[**twiŋ**kliŋ]　[形] 輝く　[名] きらめき

tying　[**tai**iŋ]　[形] 結ぶ　[名] 結ぶこと, 縛ること

understanding　[əndər**stæn**diŋ]　[名] 理解, 理解力, 知性

undertaking　[əndər**tei**kiŋ]　[名] 事業, 引き受け, 約束

unwilling　[ən**wi**liŋ]　[形] 気が進まない

waiting　[**wei**tiŋ]　[名] 待つこと

wandering　[**wan**dəriŋ]　[形] 迷う, 曲がりくねった

wanting　[**wɔ:n**tiŋ]　[形] ~のない, ~が不足している

warning　[**wɔ:r**niŋ]　[名] 警告, 忠告

washing　[**wɔ:**ʃiŋ]　[名] 洗濯, 洗濯物

wedding　[**we**diŋ]　[名] 結婚式

willing　[**wi**liŋ]　[形] 喜んで~する, 自発的な

winning　[**wi**niŋ]　[形] 決勝の　[名] 勝利, 成功

working　[**wə:r**kiŋ]　[名] 仕事, 作用, 操作, 活動

writing　[**rai**tiŋ]　[名] 執筆, 筆跡, 書類, 著作活動

-ion　(品詞は名詞)

billion　[**bi**lyən]　[名] 兆

champion　[**tʃæm**piən]　[名] 勝者

companion　[kəm**pæn**yən]　[名] 仲間, 友人

complexion　[kəm**plek**ʃən]　[名] 顔色

cushion　[**ku**ʃən]　[名] クッション, 座布団

dominion　　[dəminyən]　　[名] 主権, 統治, 領土, 自治領

fashion　　[fæʃən]　　[名] ファッション, 流行

legion　　[li:dʒən]　　[名] 軍団, 軍隊

million　　[milyən]　　[名] 百万

onion　　[ʌnyən]　　[名] 玉ねぎ

opinion　　[əpinyən]　　[名] 意見

pavilion　　[pəvilyən]　　[名] 大テント, 展示館

rebellion　　[ribelyən]　　[名] 反乱, 反抗

region　　[ri:dʒən]　　[名] 地域, 地区

religion　　[rilidʒən]　　[名] 宗教

suspicion　　[səspiʃən]　　[名] 疑い, 疑惑

union　　[yu:nyən]　　[名] 結合, 合同, 労働組合

-ious　(品詞は形容詞)

ambitious　　[æmbiʃəs]　　[形] 野心に満ちた, 意欲的な

anxious　　[æŋkʃəs]　　[形] 心配な, 熱望している

cautious　　[kɔ:ʃəs]　　[形] 慎重な

conscious　　[kanʃəs]　　[形] 意識のある, 意識的な

curious　　[kyuəriəs]　　[形] 好奇心の多い, 奇妙な

delicious　　[diliʃəs]　　[形] おいしい

envious　　[enviəs]　　[形] 羨ましがる

furious　　[fyuəriəs]　　[形] 激怒した

glorious　　[glɔ:riəs]　　[形] 輝く, 荘厳な

gracious　　[greiʃəs]　　[形] 優雅な, 親切な

harmonious　　[ha:rmouniəs]　　[形] 調和した, 和やかな

industrious　　[indʌstriəs]　　[形] 勤勉な

ingenious　　[indʒi:niəs]　　[形] 賢い, 才能のある, 精巧な

luxurious　[ləgʒuəriəs]　[形] 贅沢な, 豪華な

mysterious　[mistiəriəs]　[形] 神秘的な, 不思議な

obvious　[abviəs]　[形] 明らかな

precious　[preʃəs]　[形] 高価な, 貴重な

previous　[pri:viəs]　[形] 前の, 以前の

religious　[rilidʒəs]　[形] 宗教の, 宗教的な

serious　[siəriəs]　[形] 真剣な, 深刻な, 重大な

spacious　[speiʃəs]　[形] 広大な, 広い

suspicious　[səspiʃəs]　[形] 疑い深い, 疑わしい

tedious　[ti:diəs]　[形] 退屈な

unconscious　[ənkanʃəs]　[形] 感じない, 意識不明の

various　[veəriəs]　[形] いろいろな

vicious　[viʃəs]　[形] 不道徳な, 悪意のある

victorious　[viktɔ:riəs]　[形] 勝利を得た, 勝った

-ique　(品詞は形容詞と名詞)

technique　[tekni:k]　[名] 技術, テクニック

unique　[yuni:k]　[形] 唯一の　[名] 唯一の物

-ise　(品詞は動詞)

advertise　[ædvərtaiz]　[動] 広告する, 宣伝する

advise　[ədvaiz]　[動] 忠告する, 助言する

-ish　(品詞は動詞, 形容詞, 名詞)

abolish　[əbaliʃ]　[動] 廃止する

accomplish　[əkampliʃ]　[動] 成し遂げる, 完成する

astonish [əstaniʃ] [動] 驚かせる

banish [bæniʃ] [動] 追放する, 追い出す

British [britiʃ] [形] イギリスの, イギリス人の

cherish [tʃeəriʃ] [動] 大切にする

childish [tʃaildiʃ] [形] 幼稚な

diminish [diminiʃ] [動] 減少する, 弱まる

distinguish [distiŋgwiʃ] [動] 区別する

English [iŋliʃ] [形] イギリスの [名] 英語, イギリス人

establish [istæbliʃ] [動] 確立する, 設立する

extinguish [ikstiŋgwiʃ] [動] 消す, 消滅させる

finish [finiʃ] [動] 終える [名] 終わり

flourish [flə:riʃ] [動] いっぱい生える, 繁盛する

foolish [fu:liʃ] [形] 愚かな

furnish [fə:rniʃ] [動] 整える, 家具を備える

Irish [airiʃ] [名] アイルランド人, アイルランド語

Jewish [dʒu:iʃ] [形] ユダヤ人の

languish [læŋgwiʃ] [動] 衰弱する

nourish [nə:riʃ] [動] 育てる, 栄養分を与える

perish [peəriʃ] [動] 滅びる, 死ぬ

polish [paliʃ] [動] 磨く, 推敲する [名] 光沢

publish [pʌbliʃ] [動] 発表する, 公表する, 出版する

punish [pʌniʃ] [動] 罰する, 戒める

rubbish [rʌbiʃ] [動] 軽蔑する [名] ごみ, 廃棄物, 無駄な仕事

Scottish [skatiʃ] [形] スコットランドの [名] スコットランド人

selfish [selfiʃ] [形] 利己的な

Spanish [spæniʃ] [形] スペインの [名] スペイン人(語)

Turkish [tə:rkiʃ] [形] トルコの [名] トルコ語, トルコ人

unselfish [ənselfiʃ] [形] 利己的でない, 利他的な

vanish　　[**væ**niʃ]　　[動] 消える

-ism　（品詞は名詞; 意味は主に'~主義', '~症'）

Buddhism　　[**bu:**dizm]　　[名] 仏教

communism　　[**kam**yənizm]　　[名] 共産主義

criticism　　[**kri**təsizm]　　[名] 批評, 批判

humanism　　[**hyu:**mənizm]　　[名] 人間性, 人本主義

journalism　　[**dʒə:**rnəlizm]　　[名] 新聞·雑誌業, ジャーナリズム

mechanism　　[**me**kənizm]　　[名] 機械, 機具, 構造

organism　　[**ɔ:**rgənizm]　　[名] 有機体, 生物

patriotism　　[**pei**triətizm]　　[名] 愛国心

-ist　（品詞は名詞; 意味は'~者'、'~家'）

alchemist　　[**æl**kəmist]　　[名] 錬金術師

artist　　[**a:r**tist]　　[名] 芸術家

assistant　　[ə**sis**tənt]　　[名] 助手

Buddhist　　[**bu:**dist]　　[名] 仏教信者

chemist　　[**ke**mist]　　[名] 化学者

colonist　　[**ka**lənist]　　[名] 植民地の定着民, 植民地の開拓者

communist　　[**kam**yənist]　　[名] 共産主義者

environmentalist　　[invairənment**əlist**]　　[名] 環境論者

guitarist　　[gi**ta:**rist]　　[名] ギター奏者

humanist　　[**hyu:**mənist]　　[名] 人道主義者

humorist　　[**hyu:**mərist]　　[名] ユーモア作家, 諧謔家

idealist　　[ai**di:**əlist]　　[名] 理想主義者

journalist　　[**dʒə:**rnəlist]　　[名] 新聞·雑誌記者, ジャーナリスト

novelist　　[**na**vəlist]　　[名] 小説家, 作家

pianist　　[piǽnist]　　[名] ピアニスト, ピアノ奏者

scientist　　[saiəntist]　　[名] 科学者

socialist　　[souʃəlist]　　[名] 社会主義者

specialist　　[speʃəlist]　　[名] 専門家, 専門医

terrorist　　[teərərist]　　[名] 暴力主義者, テロリスト

tourist　　[tuərist]　　[名] 観光客

typist　　[taipist]　　[名] タイピスト

-ium　(品詞は名詞)

Belgium　　[beldʒəm]　　[地] ベルギー

gymnasium　　[dʒimneiziəm]　　[名] 体育館

medium　　[mi:diəm]　　[名] 中間, 手段, 媒介物

radium　　[reidiəm]　　[名] ラジウム

stadium　　[steidiəm]　　[名] 陸上競技場, スタジアム

-cive/-sive/-ssive　(品詞は形容詞と名詞)

comprehensive　　[kamprihensiv]　　[形] 包括的な

defensive　　[difensiv]　　[形] 防御的な

excessive　　[iksesiv]　　[形] 過度の

exclusive　　[iksklu:siv]　　[形] 排他的な

expensive　　[ikspensiv]　　[形] 高価な

extensive　　[ikstensiv]　　[形] 広範な, 幅広い

impressive　　[impresiv]　　[形] 感動的な

massive　　[mæsiv]　　[形] 大きい, 重い

offensive　　[əfensiv]　　[形] 不快な　[名] 攻撃

passive　　[pæsiv]　　[形] 消極的な, 受動的な

possessive　　[pəzesiv]　　[形] 所有の　[名] 所有格

progressive　　[prəgresiv]　　[形] 前進する，進歩的な

successive　　[səkseʃiv]　　[形] 連続する

-ize　（品詞は動詞）

apologize　　[əpalədʒaiz]　　[動] 謝る，謝罪する

authorize　　[ɔ:θəraiz]　　[動] 権限を与える，公認する

characterize　　[keərəktəraiz]　　[動] 特徴を描写する，特徴づける

civilize　　[sivəlaiz]　　[動] 開化する

criticize　　[kritəsaiz]　　[動] 批評する，批判する

emphasize　　[emfəsaiz]　　[動] 強調する

memorialize　　[məmɔ:riəlaiz]　　[動] 記念する

memorize　　[meməraiz]　　[動] 暗記する，記録する

organize　　[ɔ:rgənaiz]　　[動] 組織する，体系化する

realize　　[ri:əlaiz]　　[動] 実現する，現実化する

recognize　　[rekəgnaiz]　　[動] 見分ける，認める，挨拶する

specialize　　[speʃəlaiz]　　[動] 専攻する

sympathize　　[simpəθaiz]　　[動] 同情する

utilize　　[yu:təlaiz]　　[動] 利用する

-ket　（品詞は名詞）

basket　　[bæskət]　　[名] バスケット

blanket　　[blæŋkət]　　[名] 毛布

bucket　　[bʌkət]　　[名] バケツ

cricket　　[krikət]　　[名] クリケット，コオロギ

jacket　　[dʒækət]　　[名] ジャケット，(本の)カバー

market　　[ma:rkət]　　[名] 市場

musket　　[mʌskət]　　[名] 旧式小銃

pocket　　[**pak**ət]　　[名] ポケット

racket　　[**ræk**ət]　　[名] ラケット, 騒ぎ

rocket　　[**rak**ət]　　[名] ロケット

supermarket　　[**su:**pərma:rkət]　　[名] スーパーマーケット

thicket　　[**θik**ət]　　[名] 茂み, 雑木林

ticket　　[**tik**ət]　　[名] 切符, 入場券, 乗車券

-kle　(主な品詞は動詞と名詞)

ankle　　[**æŋk**l]　　[名] くるぶし, 足首

chuckle　　[**tʃʌk**l]　　[動] くすくす笑う　[名] くすくす笑い

crackle　　[**kræk**l]　　[動] バチバチと音を立てる　[名] バチバチ音

pickle　　[**pik**l]　　[動] 漬ける　[名] 野菜を漬けた物, ピクルス

sparkle　　[**spa:rk**l]　　[動] 火花が散る　[名] 火花

sprinkle　　[**spriŋk**l]　　[動] まく

tackle　　[**tæk**l]　　[動] 飛び掛かる　[名] タックル

tickle　　[**tik**l]　　[動] くすぐる

twinkle　　[**twiŋk**l]　　[動] きらめく　[名] きらめき, 閃光

wrinkle　　[**riŋk**l]　　[動] しわを寄せる　[名] 肌のしわ

-less　(品詞は形容詞; 意味は'~の無い')

breathless　　[**breθ**les]　　[形] 息苦しい

careless　　[**keər**les]　　[形] 不注意な

ceaseless　　[**si:s**les]　　[形] 絶え間ない

countless　　[**kaunt**les]　　[形] 数えられない, 無数の

defenseless　　[di**fens**les]　　[形] 無防備の

doubtless　　[**daut**les]　　[形] 確実な

endless　　[**end**les]　　[形] 果てしない, 無限の

fearless　　[**fiər**les]　　[形] 恐ろしく

fruitless　　[**fru:t**les]　　[形] 不毛の, 無益な

graceless　　[**greis**les]　　[形] 無作法な

guiltless　　[**gilt**les]　　[形] 潔白な

harmless　　[**ha:rm**les]　　[形] 害のない

helpless　　[**help**les]　　[形] 無力な, 無能な

hopeless　　[**houp**les]　　[形] 希望のない, 絶望的な

motionless　　[**mou**ʃənles]　　[形] 動かない, 停止した

needless　　[**ni:d**les]　　[形] 無駄な

noiseless　　[**nɔiz**les]　　[形] 音のない, 静かな

reckless　　[**rek**les]　　[形] 無謀な, 性急な

regardless　　[ri**ga:rd**les]　　[形] 関係なく, 無関心な

restless　　[**rest**les]　　[形] 落ち着かない, 安眠できない

stainless　　[**stein**les]　　[形] 傷のない

useless　　[**yu:s**les]　　[形] 無益な

valueless　　[**vælyu**les]　　[形] 無価値な, つまらない

wireless　　[**waiər**les]　　[形] 無線の

wordless　　[**wə:rd**les]　　[形] 言い表せない

worthless　　[**wə:rθ**les]　　[形] 価値のない, つまらない

-let　(品詞は名詞; 意味は'小')

pamphlet　　[**pæm**flet]　　[名] パンフレット, 小冊子

-like　(品詞は形容詞; 意味は'~のような')

alike　　[ə**laik**]　　[形] 似た

unlike　　[ən**laik**]　　[形] 似ていない, 他の

-ling （品詞は名詞；意味は'子'）

duckling [dʌkliŋ] [名] アヒルの子

-logy （品詞は形容詞；主な意味は'学問'）

analogy [ənælədʒi] [名] 類似, 類推

apology [əpalədʒi] [名] わび, 謝罪

biology [baialədʒi] [名] 生物学

psychology [saikalədʒi] [名] 心理学, 心理

-ly （品詞は副詞）

abnormally [æbnɔːrməli] [副] 非正常的に

abominably [əbamənəbli] [副] 嫌悪に思って

abruptly [əbrʌptli] [副] 突然

absolutely [æbsəluːtli] [副] 絶対に

abstractly [æbstræktli] [副] 抽象的に

absurdly [əbsəːrdli] [副] 不合理に, 愚かに

abundantly [əbʌndəntli] [副] 豊かに

accordingly [əkɔːrdiŋli] [副] それ故に, したがって

accurately [ækyərətli] [副] 正確に

actually [æktʃuəli] [副] 実際に

additionally [ədiʃənəli] [副] 追加的に

adequately [ædəkwətli] [副] 適切に

admirably [ædmərəbli] [副] 見事に

admiringly [ədmaiəriŋli] [副] 感嘆して

admittedly [ədmitidli] [副] 明らかに, 間違いなく

affectionately [əfekʃənətli] [副] 愛情深く

ambitiously　　[æmbiʃəsli]　　[副] 意欲的に

angrily　　[æŋgrəli]　　[副] 怒って

annually　　[ænyuəli]　　[副] 毎年

anxiously　　[æŋkʃəsli]　　[副] 心配して

apparently　　[əpeərəntli]　　[副] 明確に

approximately　　[əpraksəmətli]　　[副] 大体

assuredly　　[əʃuərdli]　　[副] 確実に

astonishingly　　[əstaniʃiŋli]　　[副] 驚いたことに

attentively　　[ətentivli]　　[副] 注意深く

attractively　　[ətræktivli]　　[副] 魅力的に

authoritatively　　[əθɔːrəteitivli]　　[副] 権威的に

automatically　　[ɔːtəmætikəli]　　[副] 自動的に

awfully　　[ɔːfəli]　　[副] 恐ろしく

badly　　[bædli]　　[副] 悪く, 非常に

barely　　[beərli]　　[副] やっと

basically　　[beisikəli]　　[副] 基本的に

beautifully　　[byuːtifəli]　　[副] 美しく

bitterly　　[bitərli]　　[副] 悲痛に

blessedly　　[blestli]　　[副] 神聖に

boastfully　　[boustfəli]　　[副] 自慢に

bodily　　[badəli]　　[形] 肉体の, 身体の

boldly　　[bouldli]　　[副] 大胆に

bravely　　[breivli]　　[副] 勇敢に

breathlessly　　[breθlesli]　　[副] 息切れして

briefly　　[briːfli]　　[副] 簡単に

brightly　　[braitli]　　[副] 輝くように

brilliantly　　[brilyəntli]　　[副] きらびやかに, 立派に

briskly　　[briskli]　　[副] 活発に

broadly　[brɔ:dli]　[副] 広く, 概括的に

busily　[bizəli]　[副] 忙しく

calmly　[kamli]　[副] 静かに

carefully　[keərfəli]　[副] 慎重に

carelessly　[keərlesli]　[副] 不注意に

casually　[kæʒuəli]　[副] 偶然

cautiously　[kɔ:ʃəsli]　[副] 慎重に

certainly　[sə:rtnli]　[副] 必ず

charmingly　[tʃa:rmiŋli]　[副] 魅力的に

cheerfully　[tʃiərfəli]　[副] 気持ちよく

chiefly　[tʃi:fli]　[副] 主に

childishly　[tʃaildiʃli]　[副] 幼稚に

circularly　[sə:rkyələrli]　[副] 丸く, 循環的に

classically　[klæsikəli]　[副] 古典的に

cleanly　[kli:nli]　[副] きれいに

clearly　[kliərli]　[副] 明らかに

cleverly　[klevərli]　[副] 賢く, 巧みに

closely　[klousli]　[副] 接近して, 慎重に

coarsely　[kɔ:rsli]　[副] 粗く, 粗雑に

coldly　[kouldli]　[副] 冷静に

colorfully　[kʌlərfəli]　[副] カラフルに, 鮮やかに

comfortably　[kʌmfərtəbli]　[副] 快適に

commonly　[kamənli]　[副] 一般的に

comparatively　[kəmpærətivli]　[副] 比較的

completely　[kəmpli:tli]　[副] 完全に

complexly　[kəmpleksli]　[副] 複雑に

complicatedly　[kampləkeitidli]　[副] 複雑に

comprehensively　[kamprihensivli]　[副] 包括的に

concertedly　[kənsə:rtidli]　[副] 合意して

confidentially　[kanfədenʃəli]　[副] 密かに

confidently　[kanfədəntli]　[副] 確信して

confusingly　[kənfyu:ziŋli]　[副] 混乱して

consciously　[kanʃəsli]　[副] 意識的に

consequently　[kansəkwentli]　[副] その結果, 従って

conservatively　[kənsə:rvətivli]　[副] 保守的に

considerably　[kənsidərəbli]　[副] かなり

consistently　[kənsistəntli]　[副] 一貫性のある, 矛盾せずに

conspicuously　[kənspikyuəsli]　[副] 顕著に

constantly　[kanstəntli]　[副] 変わらず

continually　[kəntinyuəli]　[副] 絶え間なく

continuously　[kəntinyəsli]　[副] 引き続き

conveniently　[kənvi:nyəntli]　[副] 便利に

correctly　[kərektli]　[副] 正しく

courageously　[kəreidʒəsli]　[副] 勇敢に

courteously　[kɔ:rtiəsli]　[副] 丁重に

cowardly　[kauərdli]　[副] 卑怯に

critically　[kritikəli]　[副] 批判的に

crookedly　[krukidli]　[副] 曲がって, 不正に

crudely　[kru:dli]　[副] 露骨的に

cruelly　[kru:əli]　[副] 残酷に

culturally　[kʌltʃərəli]　[副] 文化的に

curiously　[kyuəriəsli]　[副] 奇妙に

currently　[kə:rəntli]　[副] 現在は

dangerously　[deindʒərəsli]　[副] 危険に

dearly　[diərli]　[副] 愛情で

decisively　[disaisivli]　[副] 決定的に

deeply [díːpli] [副] 深く

definitely [défənətli] [副] 明らかに

deliberately [dilíbərətli] [副] 慎重に, 故意に

delicately [délikətli] [副] 繊細に, 敏感に

deliciously [dilíʃəsli] [副] おいしく

delightedly [diláitidli] [副] 喜んで

delightfully [diláitfəli] [副] とても楽しく

densely [dénsli] [副] 密集して

desperately [déspərətli] [副] 絶望的に

devotedly [divóutidli] [副] 献身的に

diligently [dílədʒəntli] [副] 勤勉に

discontentedly [diskənténtidli] [副] 不満に

disgustedly [disgʌ́stidli] [副] 飽きっぽく

dishonestly [disánəstli] [副] 不正直に

dismally [dízməli] [副] 寂しく, 憂鬱に

disorderly [disɔ́ːrdərli] [副] 無秩序に

distinctively [distíŋktivli] [副] 独特に

distinctly [distíŋktli] [副] 明らかに

divinely [diváinli] [副] 神聖に

doubtlessly [dáutlesli] [副] 確かに

dreadfully [drédfəli] [副] 恐ろしく

dully [dʌ́li] [副] 鈍く

duly [dyúːli] [副] 当然, 十分に

eagerly [íːgərli] [副] 切に

early [ə́ːrli] [副] 早く

earnestly [ə́ːrnəstli] [副] 真剣に

easily [íːzəli] [副] ゆったりと, 簡単に

economically [ekənámikəli] [副] 経済的に

educationally　[edʒəkeiʃənəli]　[副] 教育的に

effectively　[ifektivli]　[副] 効果的に

efficiently　[ifiʃəntli]　[副] 効率的に

elastically　[ilæstikəli]　[副] 弾力あるように, 柔軟に

electrically　[ilektrikəli]　[副] 電気で

elegantly　[eləgəntli]　[副] 優雅に

eloquently　[eləkwəntli]　[副] 流暢に

embarrassingly　[imbeərəsiŋli]　[副] 苦しく

eminently　[emənəntli]　[副] 際立って, 顕著に

emotionally　[imouʃənəli]　[副] 感情的に

endlessly　[endlesli]　[副] 果てしなく

energetically　[enərdʒetikəli]　[副] 精力的に

enjoyably　[indʒɔiəbli]　[副] 楽しく

enormously　[inɔːrməsli]　[副] とてつもなく

enthusiastically　[inθuːziæstikəli]　[副] 熱狂的に

entirely　[intaiərli]　[副] 完全に

enviously　[enviəsli]　[副] 羨ましそうに

environmentally　[invairənmentəli]　[副] 環境的に

equally　[iːkwəli]　[副] 平等に

equivalently　[ikwivələntli]　[副] 均等に, 対等に

erectly　[irektli]　[副] まっすぐに, 垂直に

especially　[ispeʃəli]　[副] 特別に, 格別に

essentially　[isenʃəli]　[副] 本質的に

eternally　[itəːrnəli]　[副] 永遠に

eventually　[iventʃuəli]　[副] 最後に, ついに

everlastingly　[evərlæstiŋli]　[副] 永遠に

evidently　[evədəntli]　[副] 明らかに

exactly　[igzæktli]　[副] 正確に

exceedingly [iksíːdiŋli] [副] ひどく，非常に

excellently [éksələntli] [副] 卓越に

exceptionally [iksépʃənəli] [副] 例外的に

excessively [iksésivli] [副] 過度に

excitedly [iksáitidli] [副] 興奮して

excitingly [iksáitiŋli] [副] 刺激的に

exclusively [iksklúːsivli] [副] 排他的に，独占的に

executively [igzékyətivli] [副] 行政的に

expensively [ikspénsivli] [副] 費用をかけて

experimentally [ikspeərəméntəli] [副] 実験的に

exquisitely [ekskwízətli] [副] 絶妙に，精巧に

extensively [iksténsivli] [副] 広範囲に

extremely [ikstríːmli] [副] 極端に

faintly [féintli] [副] かすかに

fairly [féərli] [副] 公平に，正しく

faithfully [féiθfəli] [副] 誠実に

fashionably [fǽʃənəbli] [副] 流行に沿って

favorably [féivərəbli] [副] 有利に，順調に

fearfully [fíərfəli] [副] 恐ろしく

feebly [fíːbli] [副] 弱く

fifthly [fífθli] [副] 五番目に

finally [fáinəli] [副] とうとう，最終的に

finely [fáinli] [副] 見事に，精巧に

firmly [fə́ːrmli] [副] 確固として

fluently [flúːəntli] [副] 流暢に

formerly [fɔ́ːrmərli] [副] 前には

fortnightly [fɔ́ːrtnaitli] [副] 隔週で

fortunately [fɔ́ːrtʃənətli] [副] 運良く

frankly　[**fræŋk**li]　[副] 率直に

frantically　[**fræn**tikəli]　[副] 狂ったように，狂って

freely　[**fri:**li]　[副] 自由に

frequently　[**fri:**kwəntli]　[副] 頻繁に

freshly　[**freʃ**li]　[副] 新鮮に

fully　[**fu**li]　[副] 十分に，完全に

generally　[**dʒe**nərəli]　[副] 一般的に

generously　[**dʒe**nərəsli]　[副] 寛大に

gently　[**dʒen**tli]　[副] 親切に

gladly　[**glæd**li]　[副] 楽しく

gloriously　[**glɔ:**riəsli]　[副] 荘厳に

gradually　[**græ**dʒuəli]　[副] 漸進的に

gravely　[**greiv**li]　[副] 重大に

greatly　[**greit**li]　[副] とても，すごく

happily　[**hæ**pəli]　[副] 幸せに，幸いに

hardly　[**ha:rd**li]　[副] やっと，決して~ない

hastily　[**heis**təli]　[副] 急いで

heartily　[**ha:rt**əli]　[副] 本当に，忠心で

heavily　[**he**vəli]　[副] 重く

highly　[**hai**li]　[副] とても，すごく

honestly　[**a**nəstli]　[副] 正直に，誠実に

hopefully　[**houp**fəli]　[副] 希望を持って，うまくいけば

horizontally　[**hɔ**rəz**an**təli]　[副] 水平，横に

horribly　[**hɔ:**rəbli]　[副] 恐ろしく，むごたらしく

humbly　[**hʌm**bli]　[副] へりくだって

immediately　[i**mi:**diətli]　[副] 直ちに

immensely　[i**mens**li]　[副] 広大に，無限に

impatiently　[im**pei**ʃəntli]　[副] 我慢できなくて

impudently　[**im**pyədəntli]　[副] 厚かましく

inadequately　[**in**ædikwətli]　[副] 不適当に

incessantly　[in**se**səntli]　[副] 絶えず

inconveniently　[inkən**vi**:nyəntli]　[副] 不便に

indefinitely　[in**de**fənətli]　[副] 漠然と, 無期限に

independently　[ində**pen**dəntli]　[副] 独立して

indifferently　[in**di**fərəntli]　[副] 無関心に, 公平に

industriously　[in**dʌs**triəsli]　[副] 勤勉に

infinitely　[**in**fənətli]　[副] 無限に, 限りなく

inherently　[in**hiə**rəntli]　[副] 先天的に

initially　[in**i**ʃəli]　[副] 最初に

instantly　[**in**stəntli]　[副] 即時, 瞬間的に

intellectually　[intə**lek**tʃuəli]　[副] 知的に

intelligently　[in**te**lədʒəntli]　[副] 聡明に

interruptedly　[intər**ʌp**tidli]　[副] 断続的に

intimately　[**in**təmətli]　[副] 親密に

invariably　[in**veə**riəbli]　[副] 変わらず

kindly　[**kaind**li]　[副] 親切に

largely　[**la:rdʒ**li]　[副] 大きく, 主に

lately　[**leit**li]　[副] 最近

lightly　[**lait**li]　[副] 軽く, 簡単に

likely　[**laik**li]　[副] おそらく

literally　[**li**tərəli]　[副] 文字どおり

loudly　[**laud**li]　[副] 大きな声で

luckily　[**lʌ**kəli]　[副] 運良く

luminously　[**lu**:mənəsli]　[副] 明瞭に

madly　[**mæd**li]　[副] 狂って, 猛烈に

magnificently　[mæg**ni**fəsəntli]　[副] 見事に

mainly　　[**mein**li]　　[副] 主に

marvelously　　[**ma:r**vələsli]　　[副] 驚くほど, 非常に

mentally　　[**men**təli]　　[副] 精神的に

merely　　[**miər**li]　　[副] 単純に, ただ

merrily　　[**meə**rəli]　　[副] 楽しく

mischievously　　[**mis**tʃəvəsli]　　[副] 有害に, 悪ふざけて

moderately　　[**ma**dərətli]　　[副] 適切に, 適当に

monotonously　　[mə**na**tənəsli]　　[副] 単調に

mostly　　[**moust**li]　　[副] 主に, 大概

mysteriously　　[mis**tiər**iəsli]　　[副] 神秘的に

namely　　[**neim**li]　　[副] つまり, 言い換えれば

naturally　　[**næ**tʃərəli]　　[副] 自然に, 生まれつき

nearly　　[**niər**li]　　[副] ほとんど

neatly　　[**ni:t**li]　　[副] きちんと

necessarily　　[nesə**seər**əli]　　[副] 必然的に

negatively　　[**ne**gətivli]　　[副] 否定的に

nervously　　[**nə:r**vəsli]　　[副] 神経質に

newly　　[**nyu:**li]　　[副] 新たに, 最近

nicely　　[**nais**li]　　[副] よく, 見事に

nominally　　[**na**mənəli]　　[副] 指名して, 名目上

normally　　[**nɔ:r**məli]　　[副] 通常的に, 普通は

obediently　　[ou**bi:**diəntli]　　[副] 従順に

obviously　　[**ab**viəsli]　　[副] 明らかに

occasionally　　[ə**kei**ʒənəli]　　[副] たまに

oddly　　[**ad**li]　　[副] 妙に, 異常に

officially　　[ə**fi**ʃəli]　　[副] 公式に

only　　[**oun**li]　　[副] ただ, やっと

openly　　[**ou**pənli]　　[副] 公然と

orderly [ɔːrdərli] [副] 順序よく

ordinarily [ɔːrdəneərəli] [副] 普通, 通常

originally [əridʒənəli] [副] 元は, 最初は, 独創的に

outstandingly [autstændiŋli] [副] 著しく

outwardly [autwəːrdli] [副] 外に, 外見上

partially [paːrʃəli] [副] 部分的に, 不公平に

particularly [pəːrtikyələrli] [副] 特に, 詳しく

partly [paːrtli] [副] 部分的に

passionately [pæʃənətli] [副] 熱心に, 熱烈に

passively [pæsivli] [副] 受動的に

peculiarly [pikyuːlyərli] [副] 奇妙に, 珍しく

perfectly [pəːrfiktli] [副] 完全に

perilously [peərələsli] [副] 危険に

periodically [piəriadikəli] [副] 定期的に

permanently [pəːrmənəntli] [副] 永久的に

personally [pəːrsənəli] [副] 自ら, 個人的には

physically [fizikəli] [副] 肉体的に, 物理的に

plainly [pleinli] [副] 明らかに, 地味に

pleasantly [plezntli] [副] 楽しく, 優しく

politely [pəlaitli] [副] 丁寧に, 優雅に

poorly [puərli] [副] 貧しく, 貧弱に, 下手に

possibly [pasəbli] [副] 多分, できる限り

practically [præktikəli] [副] 実際に, 事実上

preciously [preʃəsli] [副] (値段が) 高く

precisely [prisaisli] [副] 精密に, 間違いなく

presently [prezntli] [副] すぐに, 今

previously [priːviəsli] [副] 前には, 事前に

probably [prabəbli] [副] おそらく

professionally [prəfeʃənəli] [副] 専門的に，職業上

profoundly [prəfaundli] [副] 深く，切に

progressively [prəgresivli] [副] 進歩的に

promptly [pramptli] [副] 速やかに，その場で

properly [prapərli] [副] 当然，まっすぐに，適当に

prosperously [praspərəsli] [副] 繁栄して，順調に

proudly [praudli] [副] 誇らしげに，得意気に

purely [pyuərli] [副] 純粋に，清らかに

purposely [pə:rpəsli] [副] 故意に，わざと

quarterly [kwɔ:rtərli] [副] 季節ごとに

queerly [kwiərli] [副] 珍しく，奇妙に

quickly [kwikli] [副] 迅速に

quietly [kwaiətli] [副] 静かに，ひっそりと

radically [rædikəli] [副] 根本的に，急進的に

rapidly [ræpədli] [副] 迅速に

rarely [reərli] [副] まれに

readily [redəli] [副] 喜んで，簡単に

really [ri:li] [副] 全く，本当に

recently [ri:sntli] [副] 最近

recklessly [reklesli] [副] 分別なく

regularly [regyələrli] [副] 規則正しく，定期的に

relatively [relətivli] [副] 比較的，相対的に

reluctantly [rilʌktəntli] [副] 仕方なく

remarkably [rima:rkəbli] [副] 著しく

repeatedly [ripi:tidli] [副] 繰り返して

responsibly [rispansəbli] [副] 責任を持って

richly [ritʃli] [副] 豊富に

ridiculously [ridikyələsli] [副] ばかげて

rightly　[raitli]　[副] 正確に，正しく，適当な

roughly　[rʌfli]　[副] 荒く，大まかに

sadly　[sædli]　[副] 悲しげに，悲しそうに

safely　[seifli]　[副] 安全に

satisfactorily　[sætəsfæktərəli]　[副] 申し分なく

scarcely　[skeərsli]　[副] ようやく，やっと

scornfully　[skɔːrnfəli]　[副] 軽蔑して

secretly　[siːkrətli]　[副] 秘密で

sensibly　[sensəbli]　[副] 著しく，かなり，分別よく

seriously　[siəriəsli]　[副] 真剣に，深刻に

severely　[səviərli]　[副] 厳格に，厳しく

sharply　[ʃaːrpli]　[副] 鋭く

shortly　[ʃɔːrtli]　[副] すぐ，簡単に

silently　[sailəntli]　[副] 静かに，黙って

similarly　[simələrli]　[副] 同様に

simply　[simpli]　[副] 簡単に，分かりやすく，素直に

sincerely　[sinsiərli]　[副] 誠実に

slightly　[slaitli]　[副] 若干，少し

slowly　[slouli]　[副] ゆっくり，ゆっくりと

smoothly　[smuːðli]　[副] 滑らかに，穏やかに

softly　[sɔːftli]　[副] 優しく，静かに

solely　[souli]　[副] 一人で

sorely　[sɔːrli]　[副] つらく，激烈に，非常に

specially　[speʃəli]　[副] 特別に

specifically　[spəsifikəli]　[副] 明確に，本質的に

squarely　[skweərli]　[副] 正方形に，正直に

stately　[steitli]　[副] 堂々と

steadily　[stedəli]　[副] しっかりと，絶えず

stiffly　　[**stif**li]　　[副] 堅く, カチカチに

strangely　　[**streindʒ**li]　　[副] 奇妙に

strictly　　[**strikt**li]　　[副] 厳格に, 厳密に

strongly　　[**strɔːŋ**li]　　[副] 強く, 丈夫に, 猛烈に

stupidly　　[**styuː**pədli]　　[副] 愚かにも

subsequently　　[**sʌb**sikwəntli]　　[副] 後, その結果として

substantially　　[səb**stæn**tʃəli]　　[副] 十分に, 実際に

successfully　　[sək**ses**fəli]　　[副] 成功的に

suddenly　　[**sʌ**dnli]　　[副] 突然

sufficiently　　[sə**fi**ʃəntli]　　[副] 十分に

superficially　　[suːpə**rfi**ʃəli]　　[副] 外面的に

surely　　[**ʃuə**rli]　　[副] 確実に, 確かに

surprisingly　　[sər**prai**ziŋli]　　[副] 意外に

sweetly　　[**swiːt**li]　　[副] 楽しく, 甘く

swiftly　　[**swift**li]　　[副] いち早く

technically　　[**tek**nikəli]　　[副] 技術的に, 専門的に

temporarily　　[**tem**pərerəli]　　[副] 一時的に

tenderly　　[**ten**dərli]　　[副] 柔らかく, 優しく

terribly　　[**teə**rəbli]　　[副] 恐ろしく, 非常に

thickly　　[**θik**li]　　[副] 厚く, 濃く, はっきりしないように

thirdly　　[**θəːrd**li]　　[副] 三番目に

thoroughly　　[**θəː**rouli]　　[副] 完全に, 徹底的に

thoughtfully　　[**θɔːt**fəli]　　[副] 考え深く, 思慮深く

tightly　　[**tait**li]　　[副] しっかり, 正確に, きちんと

timely　　[**taim**li]　　[副] ちょうどよく

totally　　[**tou**təli]　　[副] すべて, 全部, 完全に

touchingly　　[**tʌ**tʃiŋli]　　[副] かわいそうに

triumphantly　　[trai**ʌm**fəntli]　　[副] 意気揚々と

truly [tru:li] [副] 真に, まじめに

typically [tipikəli] [副] 典型的に

ultimately [ʌltəmətli] [副] 最後に, 究極的に

unanimously [yu:nænəməsli] [副] 満場一致で

undoubtedly [əndautidli] [副] 疑いもなく, 間違いなく

uneasily [əni:zəli] [副] 不安に, ぎこちなく

unexpectedly [ənikspektidli] [副] 意外に, 突然

unfortunately [ənfɔ:rtʃənətli] [副] 不運なことに

unhappily [ənhæpəli] [副] 不幸にも, あいにく

universally [yu:nəvə:rsəli] [副] 普遍的に, 一般的に

unkindly [ənkaindli] [副] 不親切に

unnecessarily [ənnesəserəli] [副] 不要に, 無駄に

unusually [ənyu:ʒuəli] [副] 常になく, 格別に

usually [yu:ʒuəli] [副] 普通は, 普段は

utterly [ʌtərli] [副] 全く, 全然

vaguely [veigli] [副] 漠然と, あいまいに

vainly [veinli] [副] 無駄に, 効果なく

violently [vaiələntli] [副] 乱暴に, 猛烈に

voluntarily [valənterəli] [副] 自発的に

warmly [wɔ:rmli] [副] 温かく

wearily [wiərəli] [副] 疲れて, 飽きて

weekly [wi:kli] [副] 毎週

wholly [houli] [副] 全然, 完全に, 全体的に

widely [waidli] [副] 広く, 遠く

wildly [waildli] [副] 野生で, 乱暴に

willingly [wiliŋli] [副] 喜んで, 快く

wisely [waizli] [副] 賢明に

worldly [wə:rldli] [副] 世俗的に

yearly　　[**yiər**li]　　[副] 毎年

-ly　（品詞は形容詞）

beastly　　[**bi:st**li]　　[形] 獣のような

costly　　[**kɔ:st**li]　　[形] 高価な, 費用が多くかかる

cowardly　　[**kauə**rdli]　　[形] 卑怯な

daily　　[**dei**li]　　[形] 毎日の

deadly　　[**ded**li]　　[形] 致命的な

early　　[**ə:r**li]　　[形] 早い, 早期の

earthly　　[**ə:rθ**li]　　[形] 地球の

elderly　　[**el**dərli]　　[形] 年配の

fortnightly　　[**fɔ:rt**naitli]　　[形] 隔週の

friendly　　[**frend**li]　　[形] 親切な

ghastly　　[**gæst**li]　　[形] 身の毛がよだつ

ghostly　　[**goust**li]　　[形] 幽霊のような, かすかな, 霊的な

goodly　　[**gud**li]　　[形] 立派な, ハンサムな

heavenly　　[**hev**ənli]　　[形] 空の, 天国のような

holy　　[**hou**li]　　[形] 神聖な, 敬虔な

homely　　[**houm**li]　　[形] 家庭的な, 素朴な, 平凡な

jolly　　[**dʒa**li]　　[形] 楽しい, 愉快な

kindly　　[**kaind**li]　　[形] 親切な

likely　　[**laik**li]　　[形] ありそうな

lively　　[**laiv**li]　　[形] 元気のよい, 鮮やかな

lonely　　[**loun**li]　　[形] 孤独な

lovely　　[**lʌv**li]　　[形] 美しい, 楽しい

manly　　[**mæn**li]　　[形] 男らしい, 勇敢な

monthly　　[mʌnθli]　　[形] 毎月の

only　　[ounli]　　[形] 唯一の

orderly　　[ɔ:rdərli]　　[形] 整頓された

quarterly　　[kwɔ:rtərli]　　[形] 年四回の

scholarly　　[skalərli]　　[形] 学者的な, 学究的な, 博識ある

silly　　[sili]　　[形] 愚かな

stately　　[steitli]　　[形] 堂々たる

timely　　[taimli]　　[形] 時宜を得た, 適時の

ugly　　[ʌgli]　　[形] 醜い, 不細工な, 邪悪な

unlikely　　[ənlaikli]　　[形] ありそうもない

weekly　　[wi:kli]　　[形] 毎週の

worldly　　[wə:rldli]　　[形] 世俗的な

yearly　　[yiərli]　　[形] 年間の, 毎年の

-man 　(品詞は副詞; 意味は'人')

businessman　　[biznesmæn]　　[名] 事業家, 実業家

chairman　　[tʃeərmən]　　[名] 議長, 委員長

clergyman　　[klə:rdʒimən]　　[名] 聖職者

countryman　　[kʌntrimən]　　[名] 同胞, 田舎の人

Englishman　　[iŋgliʃmən]　　[名] イギリス人

fireman　　[faiərmən]　　[名] 消防官

fisherman　　[fiʃərmən]　　[名] 漁師

Frenchman　　[frentʃmən]　　[名] フランス人

gentleman　　[dʒentlmən]　　[名] 紳士

horseman　　[hɔ:rsmən]　　[名] 騎手

mailman　　[meilmæn]　　[名] 郵便配達員

policeman　　[pəli:smən]　　[名] 警察官

postman [**poust**mən] [名] 郵便配達人

salaryman [**sæl**ərimæn] [名] 給料生活者

salesman [**seilz**mən] [名] セールスマン

seaman [**si:**mən] [名] 船員

spaceman [**speis**mæn] [名] 宇宙飛行士, 宇宙人

sportsman [**spɔ:rts**mən] [名] 運動家, スポーツマン

statesman [**steits**mən] [名] 政治家

workman [**wə:rk**mən] [名] 工員, 労働者

-men (品詞は名詞)

omen [**ou**mən] [名] 前兆

specimen [**spes**əmən] [名] サンプル, 標本

-ment (主な品詞は名詞)

abandonment [ə**bæn**dənment] [名] 諦め, 放棄

abolishment [ə**bal**iʃment] [名] 廃止

accomplishment [ə**kam**pliʃment] [名] 成就, 業績

achievement [ə**tʃi:v**ment] [名] 達成, 業績

acknowledgment [æk**nal**idʒment] [名] 承認, 是認

acquirement [ə**kwaiər**ment] [名] 獲得した物

adjustment [ə**dʒʌst**ment] [名] 調節, 整理

adornment [ə**dɔ:rn**ment] [名] 装飾

advancement [ə**dvæns**ment] [名] 前進, 進歩, 昇進

advertisement [æd**vər**taizment] [名] 広告, 宣伝

agreement [ə**gri:**ment] [名] 同意, 賛成, 一致

allotment [ə**lat**ment] [名] 割り当て, 分配

amazement [ə**meiz**ment] [名] 驚き, 驚愕

amendment　[əmendment]　[名] 改正, 修正

amusement　[əmyu:zment]　[名] 楽しみ

announcement　[ənaunsment]　[名] 発表, 公表

apartment　[əpa:rtment]　[名] アパート

appointment　[əpɔintment]　[名] 任命, 指定, 約束

argument　[a:rgyəment]　[名] 論争, 主張, 要旨

arrangement　[əreindʒment]　[名] 整理, 用意, 準備

assignment　[əsainment]　[名] 任務, 任命, 宿題

astonishment　[əstaniʃment]　[名] 驚き

attachment　[ətætʃment]　[名] 添付物, 付属物, 愛着

banishment　[bæniʃment]　[名] 追放

basement　[beisment]　[名] 地下室

commandment　[kəmændment]　[名] 命令, 戒

commencement　[kəmensment]　[名] 開始, 卒業式

commitment　[kəmitment]　[名] 代行, 委託, 献身, 公約

complement　[kampləment]　[名] 補充 [動] 補充する, 補う

compliment　[kampləment]　[名] 賛辞, 挨拶 [動] 褒める

concealment　[kənsi:lment]　[名] 隠匿, 隠蔽, 隠すこと

confinement　[kənfainment]　[名] 監禁, 制限

containment　[kənteinment]　[名] 抑制, 封鎖

department　[dipa:rtment]　[名] 部署, 学問

development　[diveləpment]　[名] 成長, 発展, 開発

disappointment　[disəpɔintment]　[名] 失望, 落胆

embarrassment　[imbeərəsment]　[名] 当惑

embossment　[imbasment]　[名] 浮彫りにすること, 浮彫り細工

embracement　[imbreisment]　[名] 抱擁, 包含

employment　[implɔiment]　[名] 雇用 (使用)

endowment　[indaument]　[名] 寄付, 寄贈, 才能

enforcement [infɔːrsment] [名] 施行, 実施

engagement [ingeidʒment] [名] 婚約, 雇用

enjoyment [indʒɔiment] [名] 楽しさ, 快楽

enlargement [inlaːrdʒment] [名] 拡大, 拡張

enlightenment [inlaitnment] [名] 啓蒙, 開化

enrolment [inroulment] [名] 登録, 記載, 加入

entertainment [entərteinment] [名] 娯楽, 芸能

enticement [intaisment] [名] 誘惑, 誘拐

environment [invairənment] [名] 環境, 包囲

equipment [ikwipment] [名] 装備, 設備

establishment [istæbliʃment] [名] 確立, 設立

excitement [iksaitment] [名] 興奮, 刺激

experiment [ikspeərəment] [名] 実験 [動] 実験する

extinguishment [ikstiŋgwiʃment] [名] 消火

fragment [frægment] [名] 断片, 破片

garment [gaːrment] [名] 衣服

government [gʌvərnment] [名] 政府

implement [impləment] [名] 道具, ツール [動] 実施する

improvement [impruːvment] [名] 改善, 改良, 向上

inducement [indyuːsment] [名] 勧誘, 誘引

installment [instɔːlment] [名] 割賦, 一回払込金

instrument [instrəment] [名] 手段, 道具, 楽器

investment [investment] [名] 投資, 投資金

involvement [invalvment] [名] 連累, 紛争, 包含

judgment [dʒʌdʒment] [名] 裁判, 判決, 判断

management [mænidʒment] [名] 経営, 管理, 管理職

measurement [meʒərment] [名] 測定, 測量

moment [moument] [名] 瞬間, 時期

monument   [mányəment]   [名] 記念館, 記念碑

movement   [múːvment]   [名] 動作, 動き, 移動

nourishment   [nə́ːriʃment]   [名] 栄養素, 食物

ornament   [ɔ́ːrnəment]   [名] 装飾, 装飾品   [動] 飾る

parliament   [páːrləment]   [名] 議会, 国会

pavement   [péivment]   [名] 舗装道路

payment   [péiment]   [名] 支払い, 支払い金額, 返済

procurement   [prəkyúərment]   [名] 取得, 調達, 達成

pronouncement   [prənáunsment]   [名] 公告, 宣言, 判決

punishment   [pʌ́niʃment]   [名] 罰, 刑罰

refinement   [rifáinment]   [名] 精製, 精錬, 洗練

regiment   [rédʒəment]   [名] 連隊 (軍隊)   [動] 統制する

replacement   [ripléisment]   [名] 返し, 代替, 交換

requirement   [rikwáiərment]   [名] 要求, 必要な物, 資格

resentment   [rizéntment]   [名] 恨み, 憤慨

sentiment   [séntəment]   [名] 感情, 所感

settlement   [sétlment]   [名] 定着, 解決, 決定

shipment   [ʃípment]   [名] 船積み, 託送貨物

statement   [stéitment]   [名] 声明, 声明書, 事業報告書

supplement   [sʌ́pləment]   [名] 追加物, 補充物   [動] 補う

temperament   [témpərəment]   [名] 性質

testament   [téstəment]   [名] 聖書, 遺言, 遺書

torment   [tɔ́ːrment]   [名] 苦痛, 拷問   [動] 拷問する

tournament   [túərnəment]   [名] 試合, トーナメント

treatment   [tríːtment]   [名] 処遇, 処置, 治療

unemployment   [ənimplɔ́iment]   [名] 失業

-most (主な品詞は形容詞と名詞)

almost   [ɔ:lmoust]   [形] ほとんど
foremost   [fɔ:rmoust]   [形] 最初の
utmost   [ʌtmoust]   [形] 極度の [名] 最大限, 最善

-naire (品詞は名詞)

millionaire   [milyəneər]   [名] 百万長者, 巨富

-ness (品詞は名詞)

awareness   [əweərnes]   [名] 自覚, 意識
bitterness   [bitərnes]   [名] 悲痛, 苦しみ
blindness   [blaindnes]   [名] 盲目, 無分別
boldness   [bouldnes]   [名] 大胆, 勇気
brightness   [braitnes]   [名] 輝き, 聡明
business   [biznes]   [名] 仕事, ビジネス, 営業
calmness   [kamnes]   [名] 静けさ, 落ち着き
carelessness   [keərlesnes]   [名] 不注意
cleanliness   [klenlines]   [名] 清潔
clearness   [kliərnes]   [名] 晴れ, 鮮明, 明白
cleverness   [klevənes]   [名] 賢さ, 巧妙
coldness   [kouldnes]   [名] 寒さ, 冷気, 寒気
completeness   [kəmpli:tnes]   [名] 完成
consciousness   [kantʃəsnes]   [名] 意識
correctness   [kərektnes]   [名] 正確性
craziness   [kreizines]   [名] 狂気
crudeness   [kru:dnes]   [名] 粗雑さ

dampness　[**dæmp**nes]　[名] 湿気

darkness　[**da:rk**nes]　[名] 闇

doubtfulness　[**daut**flnes]　[名] 疑い, 怪しさ

eagerness　[**i:g**ərnes]　[名] 熱望

emptiness　[**emp**tines]　[名] 空虚

endlessness　[**end**lesnes]　[名] 無限

enormousness　[i**nɔ:r**məsnes]　[名] 巨大さ, 莫大さ

exquisiteness　[ek**skwi**zətnes]　[名] 絶妙さ, 精巧さ

fitness　[**fit**nes]　[名] 適当, 適切, 適合性, 体づくり

forgiveness　[fə**rgiv**nes]　[名] 許し, 寛容

fortress　[**fɔ:r**trəs]　[名] 要塞

frankness　[**fræŋk**nes]　[名] 率直

goodness　[**gud**nes]　[名] 善良, 親切, 優秀さ

greatness　[**greit**nes]　[名] 巨大さ, 偉大さ

happiness　[**hæ**pines]　[名] 幸せ

hardness　[**ha:rd**nes]　[名] 硬さ, 堅固

highness　[**hai**nes]　[名] 高いこと, 殿下

idleness　[**aid**lnes]　[名] 怠惰, 無益

illness　[**il**nes]　[名] 病気

kindness　[**kaind**nes]　[名] 親切

likeness　[**laik**nes]　[名] 似ていること, 相似性

loudness　[**laud**nes]　[名] 大声, 騒ぎ

madness　[**mæd**nes]　[名] 狂気, 精神錯乱

nakedness　[**nei**kidnes]　[名] 裸, 率直性

politeness　[pə**lait**nes]　[名] 丁寧, 礼儀正しさ

readiness　[**red**ines]　[名] 準備性, 迅速

sadness　[**sæd**nes]　[名] 悲しみ, 悲哀

shortness　[**ʃɔ:rt**nes]　[名] 不足, 簡単, 無愛想さ

sickness　[**sik**nes]　[名] 病気

stillness　[**stil**nes]　[名] 静けさ, 静寂

sweetness　[**swi:t**nes]　[名] 甘味, 甘さ

tenderness　[**ten**dərnes]　[名] 柔らかさ, 優しさ

thickness　[**θik**nes]　[名] 厚い(太い)こと, 厚さ, 濃度

uneasiness　[ə**ni:**zines]　[名] 不安, 心配

weakness　[**wi:k**nes]　[名] 弱さ, 欠点

wilderness　[**wil**dərnes]　[名] 荒野, 荒蕪地

witness　[**wit**nes]　[名] 目撃者, 証人

-nomy　(品詞は名詞)

economy　[i**ka**nəmi]　[名] 経済, 節約

-ny　(主な品詞は名詞と形容詞)

accompany　[ə**kʌm**pəni]　[動] 同行する, 伴奏する

agony　[**æ**gəni]　[名] 苦悩, 苦痛

balcony　[**bæl**kəni]　[名] バルコニー

botany　[**ba**təni]　[名] 植物学

bunny　[**bʌ**ni]　[名] ウサギ

ceremony　[**seə**rəmouni]　[名] 儀式

colony　[**ka**ləni]　[名] 植民地

company　[**kʌm**pəni]　[名] 会社, 一行, 友人

destiny　[**des**təni]　[名] 運命

granny　[**græ**ni]　[名] おばあちゃん

harmony　[**ha:r**məni]　[名] 調和, 和声

irony　[**ai**rəni]　[名] 諷刺, 意外な結果, アイロニー

penny　[**pe**ni]　[名] ペニー (1 セント硬貨)

pony　　[**pou**ni]　　[名] ポニー，小形の馬

sym**phony**　　[**sim**fəni]　　[名] 交響曲，シンフォニー，交響楽団

tes**timony**　　[**tes**təmouni]　　[名] 証言，証明，証拠

ti**ny**　　[**tai**ni]　　[形] ささやかな，非常に小さい

ty**ranny**　　[**tir**əni]　　[名] 暴政，暴悪

-or　（主な品詞は名詞と動詞；意味は主に'〜する人'，'〜する物'）

ac**tor**　　[**æk**tər]　　[名] 俳優

am**ba**ssador　　[**æm**bæsədər]　　[名] 大使

an**cestor**　　[**æn**sestər]　　[名] 祖先

an**chor**　　[**æŋ**kər]　　[名] 船の錨

au**thor**　　[**ɔ:**θər]　　[名] 作家，著者

bach**elor**　　[**bætʃ**lər]　　[名] 独身男性

com**petitor**　　[kəm**pe**tətər]　　[名] 競争相手

con**ductor**　　[kən**dʌk**tər]　　[名] 指揮者，伝導体

con**queror**　　[**kaŋ**kərər]　　[名] 征服者，勝者

cor**ridor**　　[**kɔ:**rədər]　　[名] 廊下

coun**selor**　　[**kaun**sələr]　　[名] 相談役，カウンセラー

cre**ditor**　　[**kre**ditər]　　[名] 債権者

di**rector**　　[di**rek**tər]　　[名] 監督，重役，役員，管理者

dis**tributor**　　[di**stri**byətər]　　[名] 分配者，配給者

doc**tor**　　[**dak**tər]　　[名] 医師，博士

edi**tor**　　[**edi**tər]　　[名] 編集者

em**peror**　　[**em**pərər]　　[名] 皇帝

fac**tor**　　[**fæk**tər]　　[名] 要素，要因

go**vernor**　　[**gʌ**vənər]　　[名] 州知事，総督

in**spector**　　[in**spek**tər]　　[名] 調査官，検査官

instructor [instrʌktər] [名] 教師, 指導者, 大学講師

inventor [inventər] [名] 発明家

janitor [dʒænətər] [名] 管理人, 守衛

mayor [meiər] [名] 市長

professor [prəfesər] [名] 教授

proprietor [prəpraiətər] [名] 所有者, 経営者

protector [prətektər] [名] 保護者, 保護装置

sailor [seilər] [名] 船員

sculptor [skʌlptər] [名] 彫刻家

senator [senətər] [名] 上院議員

senior [siːnyər] [名] 年長者, 上司, 先輩

spectator [spekteitər] [名] 観衆

successor [səksesər] [名] 後継者

tailor [teilər] [名] 洋服店 [動] 洋服を縫う

tractor [træktər] [名] トラクター, 牽引車

traitor [treitər] [名] 裏切り者, 反逆者

transistor [trænzistər] [名] トランジスタ

tutor [tyuːtər] [名] 家庭教師 [動] 個人指導する

victor [viktər] [名] 勝利者

visitor [vizətər] [名] 訪問客

warrior [wɔːriər] [名] 軍人, 勇士, 闘士

-ory (主な品詞は形容詞と名詞)

dormitory [dɔːrmətɔːri] [名] 学生寮

factory [fæktəri] [名] 工場

history [histəri] [名] 歴史

ivory [aivəri] [名] 象牙

laboratory　　[læbrətɔːri]　　[名] 実験室, 研究所

memory　　[meməri]　　[名] 記憶, 記憶力

satisfactory　　[sætəsfæktəri]　　[形] 満足した

territory　　[teərətɔːri]　　[名] 領土, 領域, 準州

theory　　[θiəri]　　[名] 理論, 学説

victory　　[viktəri]　　[名] 勝利

-ous　（品詞は形容詞）

conspicuous　　[kənspikyuəs]　　[形] 顕著な

continuous　　[kəntinyuəs]　　[形] 継続的な

covetous　　[kʌvətəs]　　[形] 貪欲な

dangerous　　[deindʒərəs]　　[形] 危険な

enormous　　[inɔːrməs]　　[形] 巨大な, 途方もない

famous　　[feiməs]　　[形] 有名な

generous　　[dʒenərəs]　　[形] 寛大な

humorous　　[hyuːmərəs]　　[形] 滑稽な, 面白い

jealous　　[dʒeləs]　　[形] 嫉妬する, 妬み深い

luminous　　[luːmənəs]　　[形] 光を出す, 明瞭な

marvelous　　[maːrvələs]　　[形] 驚くべき, とても良い

mischievous　　[mistʃəvəs]　　[形] 有害な, 意地の悪い

monotonous　　[mənatənəs]　　[形] 単調な, 退屈な

monstrous　　[manstrəs]　　[形] 巨大な, 奇怪な

mountainous　　[mauntənəs]　　[形] 山の多い, 山地の

nervous　　[nəːrvəs]　　[形] 神経の, 神経質な

numerous　　[nyuːmərəs]　　[形] 非常に多くの, 無数の

perilous　　[peərələs]　　[形] 危険な

pious　　[paiəs]　　[形] 信心深い, 敬虔な

prosperous　[**pras**pərəs]　[形] 繁栄する, 富裕な

ridiculous　[ri**di**kyələs]　[形] おかしな, ばかげた

thunderous　[**θʌn**dərəs]　[形] 雷の, 雷のような

treacherous　[**tret**ʃərəs]　[形] 裏切る, 反逆する

tremendous　[tri**men**dəs]　[形] 莫大な, 巨大な

unanimous　[yu:**næ**nəməs]　[形] 一致した, 満場一致の

vigorous　[**vi**gərəs]　[形] 活気に満ちた, 強力な

virtuous　[**və**:rtʃuəs]　[形] 徳のある, 公平な, 静寂な

wondrous　[**wʌn**drəs]　[形] 驚くべき, 不思議な

zealous　[**ze**ləs]　[形] 熱心な, 熱狂的な

-pathy　(品詞は名詞; 意味は'感情')

sympathy　[**sim**pəθi]　[名] 同情

-ple/ -pple　(品詞は名詞, 動詞, 形容詞)

ample　[**æm**pəl]　[形] 十分な

apple　[**æ**pl]　[名] リンゴ

couple　[**kʌ**pl]　[名] カップル, 夫婦

cripple　[**kri**pl]　[名] 障碍者　[動] 障害を与える

example　[ig**zæ**mpl]　[名] 実例, 見本

maple　[**mei**pl]　[名] 紅葉

participle　[**pa**:rtəsipl]　[名] 分詞

past participle　[**pæst** pa:rtəsipl]　[名] 過去分詞形

people　[**pi**:pl]　[名] 人々, 国民

pineapple　[**pai**næpl]　[名] パイナップル

principle　[**prin**səpl]　[名] 原理, 原則

purple　[**pə**:rpl]　[形] 紫の　[名] 紫色, 紫

ripple　　[ripl]　　[名] 波紋　[動] 波紋を起こす

sample　　[sæmpl]　　[名] 見本, サンプル　[動] 試す

simple　　[simpl]　　[形] 簡単な, 単純な, 素朴な

steeple　　[sti:pl]　　[名] 尖塔

temple　　[templ]　　[名] 神殿, 教会堂, 寺

trample　　[træmpl]　　[動] 踏みにじる

triple　　[tripl]　　[形] 三重の, 三倍の　[名] 三倍数

-room　（品詞は名詞; 意味は'室)

bathroom　　[bæθrum]　　[名] 浴室, トイレ

bedroom　　[bedrum]　　[名] 寝室

classroom　　[klæsrum]　　[名] 教室

dining room　　[dainiŋ rum]　　[名] レストラン, 食堂

drawing room　　[drɔ:iŋ rum]　　[名] 応接間

homeroom　　[houmrum]　　[名] 生活指導教室, ホームルーム

living room　　[liviŋ rum]　　[名] 居間

schoolroom　　[sku:lrum]　　[名] 教室

sitting room　　[sitiŋ rum]　　[名] 居間

-ry　（主な品詞は名詞と形容詞)

angry　　[æŋgri]　　[形] 怒った

cavalry　　[kævəlri]　　[名] 騎兵

century　　[sentʃəri]　　[名] 世紀

chemistry　　[keməstri]　　[名] 化学

country　　[kʌntri]　　[名] 国, 地方, 田舎

entry　　[entri]　　[名] 入場, 記入

geometry　　[dʒi:amətri]　　[名] 幾何学

hungry　[hʌŋgri]　[形] 空腹な, 飢えた, 渇望する

industry　[indəstri]　[名] 産業, 工業, 勤勉

injury　[indʒəri]　[名] 負傷, 傷

inquiry　[inkwaiəri]　[名] 問い合わせ, 質問, 調査

jewelry　[dʒu:əlri]　[名] 宝石類, 装身具

laundry　[lɔ:ndri]　[名] 洗濯屋, 洗い物

luxury　[lʌkʃəri]　[形] 贅沢な [名] 贅沢, 贅沢品

mercury　[mə:rkyəri]　[名] 水銀

ministry　[minəstri]　[名] 長官(牧師)の任期, 内閣

pantry　[pæntri]　[名] 食料貯蔵室

pastry　[peistri]　[名] ねり粉

poetry　[pouətri]　[名] 詩, 詩集

poultry　[poultri]　[名] 家禽, 食用飼育鳥類

strawberry　[strɔ:beri]　[名] イチゴ

symmetry　[simətri]　[名] 対称, 調和

treasury　[treʒəri]　[名] 国庫, 財務省

-ship　(主な品詞は名詞)

airship　[eərʃip]　[名] 飛行船

championship　[tʃæmpiənʃip]　[名] 選手権

companionship　[kəmpænyənʃip]　[名] 友好, 交際

fellowship　[felouʃip]　[名] 親交, 会合

friendship　[frendʃip]　[名] 友情

hardship　[ha:rdʃip]　[名] 苦難, 困難

leadership　[li:dərʃip]　[名] 統率力

membership　[membərʃip]　[名] 会員資格, 会員数

partnership　[pa:rtnərʃip]　[名] 共同経営, 協力

scholarship　[**ska**lərʃip]　[名] 奨学金, 学問

spaceship　[**speis**ʃip]　[名] 宇宙船

sportsmanship　[**spɔ:rts**mənʃip]　[名] 運動家精神, スポーツマンシップ

steamship　[**sti:m**ʃip]　[名] 蒸気船

warship　[**wɔ:r**ʃip]　[名] 軍艦

worship　[**wə:r**ʃəp]　[名] 崇拝, 礼拝 [動] 崇拝する

-sion　(主な品詞は名詞)

admission　[əd**mi**ʃən]　[名] 入学, 入場許可

collision　[kə**li**ʒən]　[名] 衝突

commission　[kə**mi**ʃən]　[名] 委任, 手当て, 委員会

comprehension　[kampri**hen**ʃən]　[名] 理解, 理解力

conclusion　[kən**klu:**ʒən]　[名] 終結, 結論

confession　[kən**fe**ʃən]　[名] 告白, 自白

confusion　[kən**fyu:**ʒən]　[名] 混乱, 当惑

decision　[di**si**ʒən]　[名] 決定, 判決, 決心

depression　[di**pre**ʃən]　[名] 憂鬱, 不況

discussion　[di**skʌ**ʃən]　[名] 討論, 論議

division　[di**vi**ʒən]　[名] 分割, 部分, 支部

excursion　[ik**skə:r**ʒən]　[名] ピクニック

expansion　[ik**spæn**ʃən]　[名] 拡大, 発展

explosion　[ik**splou**ʒən]　[名] 爆発

expression　[ik**spre**ʃən]　[名] 表現, 表情

extension　[ik**sten**ʃən]　[名] 拡張, 延長

illusion　[i**lu:**ʒən]　[名] 幻想

impression　[im**pre**ʃən]　[名] 感銘, 印象

invasion　[in**vei**ʒən]　[名] 侵略, 侵害

mansion [mænʃən] [名] 大邸宅, マンション

mission [miʃən] [名] 外交使節, 任務, 伝道

occasion [əkeiʒən] [名] 場合, 機会, 特別な行事, 理由

oppression [əpreʃən] [名] 圧迫, 抑圧

passion [pæʃən] [名] 情熱, 熱愛

pension [penʃən] [名] 年金

permission [pə:rmiʃən] [名] 許可

possession [pəzeʃən] [名] 所有, 所有物

procession [prəseʃən] [名] 行進, 行列

profession [prəfeʃən] [名] 職業, 公言

provision [prəviʒən] [名] 予備, 準備, 供給, 条項

revision [riviʒən] [名] 改訂, 改訂版

session [seʃən] [名] 開会中, 会期, 講座

succession [səkseʃən] [名] 連続, 継承

supervision [su:pərviʒən] [名] 監督, 管理, 指揮

television [teləviʒən] [名] テレビ

tension [tenʃən] [名] 緊張, 不安

version [və:rʒən] [名] 訳書, 変形, ~版

vision [viʒən] [名] 視力, 洞察力, ビジョン

-sis/-ses (品詞は名詞; '-ses'は'-sis'の複数形)

analysis [ənæləsəs] [名] 分析

basis [beisəs] [名] 基礎, 基本

crisis [kraisəs] [名] 危機

emphasis [emfəsəs] [名] 強調

oasis [oueisəs] [名] オアシス, 憩いの場

paralysis [pəræləsəs] [名] 麻痺

thesis　　[θiːsəs]　　[名] 学位(卒業) 論文

-site　(品詞は形容詞と名詞)

exquisite　　[ekskwizət]　　[形] 絶妙な, 鋭敏な

opposite　　[apəzət]　　[形] 反対の, 向かいの

-some　(品詞は形容詞)

handsome　　[hænsəm]　　[形] ハンサムな

lonesome　　[lounsəm]　　[形] 孤独な, 人里離れた

tiresome　　[taiərsəm]　　[形] 退屈な, うんざりさせる, 面倒な

troublesome　　[trʌbəlsəm]　　[形] 頭の痛い, 面倒な

wholesome　　[houlsəm]　　[形] 健全な, 健康に良い

-ster　(品詞は名詞; 意味は'人')

youngster　　[yʌŋstər]　　[名] 若者, 子供

-stle　(主な品詞は動詞と名詞)

bristle　　[brisl]　　[動] 怒る, 毛をさか立てる　[名] 剛毛

bustle　　[bʌsl]　　[動] 活発に動く, 催促する　[名] 騒ぎ

castle　　[kæsl]　　[名] 城

rustle　　[rʌsl]　　[名] カサカサ音

whistle　　[wisl]　　[動] 口笛を吹く　[名] 口笛

-stone　(品詞は名詞; 意味は'石')

limestone　　[laimstoun]　　[名] 石灰岩

-sure/ -ssure　(主な品詞は名詞と動詞)

assure　[əʃuər]　[動] 保証する, 確信する

exposure　[ikspouʒər]　[名] 露出, 暴露

leisure　[liːʒər]　[名] 余暇, レジャー

measure　[meʒər]　[動] 測定する　[名] 測定, 巻き尺

pleasure　[pleʒər]　[名] 喜び, 満足

pressure　[preʃər]　[動] 圧力を加える　[名] 圧力, 圧縮

treasure　[treʒər]　[動] 大切にする　[名] 宝

-sy　(品詞は名詞)

controversy　[kantrəvəːrsi]　[名] 論争, 異論

ecstasy　[ekstəsi]　[名] 恍惚, 熱狂

pussy　[pusi]　[名] 小猫ちゃん (動物)

-tain　(品詞は名詞と形容詞)

Britain　[britn]　[地] イギリス

captain　[kæptn]　[名] 指導者, 大尉, 船長

certain　[səːrtn]　[形] 確実な, 一定の

curtain　[kəːrtn]　[名] カーテン

fountain　[fauntn]　[名] 噴水, 泉

mountain　[mauntn]　[名] 山

uncertain　[ənsəːrtn]　[形] 不確実な

-thing （品詞は代名詞と名詞；意味は'物'）

anything　　[eniθiŋ]　　[代] 何でも

everything　　[evriθiŋ]　　[代] すべて

nothing　　[nʌθiŋ]　　[代] 何も~ない　　[名] 無

something　　[sʌmθiŋ]　　[代] どんな物

-tion （主な品詞は名詞）

abbreviation　　[əbri:vieiʃən]　　[名] 省略, 短縮

abolition　　[æbəliʃən]　　[名] 廃止

abomination　　[əbaməneiʃən]　　[名] 嫌悪

abstraction　　[æbstrækʃən]　　[名] 抽象, 抽象的な概念

acceleration　　[ækseləreiʃən]　　[名] 加速, 促進

accommodation　　[əkamədeljən]　　[名] 便宜, 便宜施設, 適応

accumulation　　[əkyu:məleiʃən]　　[名] 蓄積

accusation　　[ækyəzeiʃən]　　[名] 非難, 告発

action　　[ækʃən]　　[名] 行動

addition　　[ədiʃən]　　[名] 追加

administration　　[ədminəstreiʃən]　　[名] 管理, 施行, 経営, 行政

admiration　　[ædməreiʃən]　　[名] 感嘆, 賞賛

adoption　　[ədapʃən]　　[名] 採択, 養子縁組

affection　　[əfekʃən]　　[名] 愛着, 愛着

affirmation　　[æfərmeiʃən]　　[名] 肯定, 断言

agitation　　[ædʒəteiʃən]　　[名] 動揺, 煽動

ambition　　[æmbiʃən]　　[名] 野心, 意欲

anticipation　　[æntisəpeiʃən]　　[名] 期待

application　　[æpləkeiʃən]　　[名] 申し込み, 適用, 応用

apposition　　[æpəziʃən]　　[名] 同格

appreciation　[əpriːʃieiʃən]　[名] 感謝, 評価

appropriation　[əprouprieiʃən]　[名] 盗用, 充当, 流用

assertion　[əsəːrʃən]　[名] 断言, 主張

association　[əsousieiʃən]　[名] 協会, 団体, 提携

assumption　[əsʌmpʃən]　[名] 仮定, 仮装

attention　[ətenʃən]　[名] 注意, 注目, 配慮

attraction　[ətrækʃən]　[名] 魅力, 引力

calculation　[kælkyəleiʃən]　[名] 計算, 慎重な計画

carnation　[kaːrneiʃən]　[名] カーネーション

caution　[kɔːʃən]　[名] 注意, 警告　[動] 警告する

celebration　[seləbreiʃən]　[名] お祝い, 儀式

circulation　[səːrkyəleiʃən]　[名] 循環, 配布, 発行部数

civilization　[sivələzeiʃən]　[名] 文明

collection　[kəlekʃən]　[名] 収集

combination　[kambəneiʃən]　[名] 結合, 連合

communication　[kəmyunəkeiʃən]　[名] 転送, 連絡, コミュニケーション

compensation　[kampənseiʃən]　[名] 補償, 補償金

competition　[kampətiʃən]　[名] 競争, 戦い, 試合

composition　[kampəziʃən]　[名] 構成, 作曲

concentration　[kansəntreiʃən]　[名] 集中

conception　[kənsepʃən]　[名] 概念, 着想, 妊娠

condition　[kəndiʃən]　[名] 状態, 条件

congratulation　[kəngrætʃəleiʃən]　[名] お祝い, 祝辞

conjunction　[kəndʒʌŋkʃən]　[名] 接続, 接続詞

connection　[kənekʃən]　[名] 関係, リンク

consideration　[kənsidəreiʃən]　[名] 考慮, 要件, 代価, 配慮

constitution　[kanstətyuːʃən]　[名] 憲法, 構成, 体質

construction　[kənstrʌkʃən]　[名] 建設, 建物

consumption [kənsʌmpʃən] [名] 消費

contribution [kantrəbyu:ʃən] [名] 寄付, 寄稿, 貢献

convention [kənvenʃən] [名] 大会, トーナメント, 慣習

conversation [kanvə:rseiʃən] [名] 会話

conviction [kənvikʃən] [名] 有罪判決, 確信

cooperation [kouapəreiʃən] [名] 協力

corporation [kɔ:rpəreiʃən] [名] 企業, 団体

correction [kərekʃən] [名] 訂正, 校正

creation [kri:eiʃən] [名] 創造

cultivation [kəltəveiʃən] [名] 耕作

declaration [dekləreiʃən] [名] 宣言, 申告

decoration [dekəreiʃən] [名] 装飾, 勲章

demonstration [demənstreiʃən] [名] 証明, 説明, デモンストレーション, 宣伝

denomination [dinaməneiʃən] [名] 通貨の単位, 名称

description [diskripʃən] [名] 描写, 叙述, 説明

desolation [desəleiʃən] [名] 荒廃, 孤独感

desperation [despəreiʃən] [名] 絶望, 必死

destination [destəneiʃən] [名] 目的地

destruction [distrʌkʃən] [名] 破壊, 滅亡

determination [ditə:rməneiʃən] [名] 決定, 決意

devotion [divouʃən] [名] 献身, 愛着

dictation [dikteiʃən] [名] 書き取り, 命令

direction [direkʃən] [名] 方向, 指示, 監督

disposition [dispəziʃən] [名] 性質, 傾向, 処分

distinction [distiŋkʃən] [名] 区別, 差別, 違い

distribution [distrəbyu:ʃən] [名] 分配, 配布, 商品流通

edition [idiʃən] [名] 刊行本, 発行部数

education [edʒəkeiʃən] [名] 教育, 教養

election [ilekʃən] [名] 選挙

emotion [imouʃən] [名] 感情

erection [irekʃən] [名] 直立, 建立, 勃起

estimation [estəmeiʃən] [名] 評価, 見積もり

evolution [evəlu:ʃən] [名] 進化, 発展

exaggeration [igzædʒəreiʃən] [名] 誇張

examination [igzæməneiʃən] [名] 試験, 調査, 検査

exception [iksepʃən] [名] 例外

exclamation [ekskləmeiʃən] [名] 絶叫, 叫び

execution [eksikyu:ʃən] [名] 執行, 実行, 遂行

exhibition [eksəbiʃən] [名] 展示, 展覧会

expectation [ekspekteiʃən] [名] 期待, 予想

expedition [ekspədiʃən] [名] 遠征, 探険

experimentation [ikspeərəmənteiʃən] [名] 実験

explanation [ekspləneiʃən] [名] 説明

exploration [ekspləreiʃən] [名] 探険, 探査

exposition [ekspəziʃən] [名] 博覧会, 説明

federation [fedəreiʃən] [名] 連合, 連邦政府

fiction [fikʃən] [名] 虚構, 小説

formation [fɔ:rmeiʃən] [名] 形成, 構造

foundation [faundeiʃən] [名] 基礎, 財産, 基金

fraction [frækʃən] [名] 一部分, 噴水, 少量

function [fʌŋkʃən] [名] 機能 [動] 作用する

generation [dʒenəreiʃən] [名] 世代, 産出

graduation [grædʒueiʃən] [名] 卒業, 卒業式

gravitation [grævəteiʃən] [名] 引力, 重力

hesitation [hezəteiʃən] [名] とまどい, 躊躇

illumination　[ilu:məneiʃən]　[名] 照明, 説明

illustration　[iləstreiʃən]　[名] 挿絵, 図解

imagination　[imædʒəneiʃən]　[名] 想像, 想像力

imitation　[iməteiʃən]　[名] 模倣

inclination　[inkləneiʃən]　[名] 傾き, 傾斜, 傾向

indication　[indəkeiʃən]　[名] 指示, 徴候

indignation　[indigneiʃən]　[名] 憤り, 憤慨

infection　[infekʃən]　[名] 感染, 伝染病

inflation　[infleiʃən]　[名] 膨張, インフレーション

information　[infə:rmeiʃən]　[名] 情報, 伝達

inscription　[inskripʃən]　[名] 銘刻, 碑文

inspection　[inspekʃən]　[名] 調査, 検査

inspiration　[inspəreiʃən]　[名] 感化, 霊感, 名案

institution　[instətyu:ʃən]　[名] 制度, 協会, 設立

instruction　[instrʌkʃən]　[名] 指示, 教育

intention　[intenʃən]　[名] 意志, 意図

interpretation　[intərprəteiʃən]　[名] 通訳, 解釈

interrogation　[inteərəgeiʃən]　[名] 質問, 尋問

interruption　[intərʌpʃən]　[名] 妨害, 遮断

intonation　[intəneiʃən]　[名] 抑揚, イントネーション

introduction　[intrədʌkʃən]　[名] 紹介, 導入, 入門

invention　[invenʃən]　[名] 発明, 発明品, 虚構

investigation　[investəgeiʃən]　[名] 調査, 研究

invitation　[invəteiʃən]　[名] 招待

isolation　[aisəleiʃən]　[名] 孤立, 隔離

legislation　[ledʒəsleiʃən]　[名] 立法, 立法権

limitation　[liməteiʃən]　[名] 制限, 限界, 範囲

location　[loukeiʃən]　[名] 場所, 位置

meditation　[medəteiʃən]　[名] 瞑想, 黙想

mention　[mentʃən]　[名] 言及　[動] 言及する

migration　[maigreiʃən]　[名] 移住, 移動

motion　[mouʃən]　[名] 身振り　[動] 身振りで知らせる

narration　[næreiʃən]　[名] 物語, 叙述

nation　[neiʃən]　[名] 国家, 国民

navigation　[nævəgeiʃən]　[名] 航行, 運航

negotiation　[nigouʃieiʃən]　[名] 交渉, 協商, 譲渡

nomination　[naməneiʃən]　[名] 指名, 任命

notion　[nouʃən]　[名] 観念, 考え

objection　[əbdʒekʃən]　[名] 反対, 異議

obligation　[abləgeiʃən]　[名] 義務, 責任

observation　[abzə:rveiʃən]　[名] 観察, 観察力

occupation　[akyəpeiʃən]　[名] 職業, 占有, 占領

operation　[apəreiʃən]　[名] 作動, 操作, 手術

opposition　[apəziʃən]　[名] 反対, 抵抗, 野党

organization　[ɔ:rgənəzeiʃən]　[名] 組織, 団体

perfection　[pə:rfekʃən]　[名] 完璧, 完全

petition　[pətiʃən]　[名] 請願, 嘆願　[動] 請願する

plantation　[plænteiʃən]　[名] 栽培地, 農園

pollution　[pəlu:ʃən]　[名] 汚染, 公害

population　[papyəleiʃən]　[名] 人口

portion　[pɔ:rʃən]　[名] 一部, 分け前　[動] 分ける, 分配する

position　[pəziʃən]　[名] 位置, 場所, 地位, 立場

precaution　[prikɔ:ʃən]　[名] 注意, 警戒, 予防策

preparation　[prepəreiʃən]　[名] 準備

preposition　[prepəziʃən]　[名] 前置詞

prevention　[privenʃən]　[名] 防止, 予防

production [prədʌkʃən] [名] 生産, 生産量, 作品

prohibition [prouəbiʃən] [名] 禁止

promotion [prəmouʃən] [名] 促進, 昇進, 進級

pronunciation [prənənsieiʃən] [名] 発音

proportion [prəpɔːrʃən] [名] 比率, 均衡, 分け前

proposition [prapəziʃən] [名] 提案, 陳述

protection [prətekʃən] [名] 保護, 後援

publication [pəbləkeiʃən] [名] 発表, 出版

question [kwestʃən] [名] 質問, 問題

quotation [kwouteiʃən] [名] 引用, 引用句

railroad station [reilroud steiʃən] [名] 鉄道駅

reaction [riːækʃən] [名] 反応, 反作用

realization [riːələzeiʃən] [名] 実現, 現実化

reception [risepʃən] [名] 収容, 応接, 披露宴

recognition [rekəgniʃən] [名] 認識, 承認, 面識

recollection [rekəlekʃən] [名] 回想

recommendation [rekəməndeiʃən] [名] 推薦, 推薦状

reconciliation [rekənsilieiʃən] [名] 和解, 調和

reconstruction [riːkənstrʌkʃən] [名] 再建, 改造

recreation [rekrieiʃən] [名] 気分転換, 娯楽, 休養

reduction [ridʌkʃən] [名] 減少, 縮小, 節減

reflection [riflekʃən] [名] 反射, 反映, 反省

regulation [regyəleiʃən] [名] 規則, 統制, 調節

relation [rileiʃən] [名] 関係, 関連, 親族関係

repetition [repətiʃən] [名] 繰り返し, 反復

representation [reprizenteiʃən] [名] 表示, 描写, 記述, 代表

reputation [repyəteiʃən] [名] 評判, 名声

reservation [rezəːrveiʃən] [名] 予約, 留保された権利, 条件

resolution [rezəlu:ʃən] [名] 決意, 解決, 決定

restoration [restəreiʃən] [名] 回復, 復旧

restriction [ristrikʃən] [名] 制限

revolution [revəlu:ʃən] [名] 革命, 変革

salvation [sælveiʃən] [名] 救助, 救済

sanction [sæŋkʃən] [名] 制裁 [動] 制裁する

satisfaction [sætəsfækʃən] [名] 満足

section [sekʃən] [名] 部分, 地域 [動] 分割する

selection [səlekʃən] [名] 選択

sensation [senseiʃən] [名] 感覚, 心

separation [sepəreiʃən] [名] 分離, 別居, 別れ

situation [sitʃueiʃən] [名] 場所, 立場, 状況

solution [səlu:ʃən] [名] 解決, 溶解, 溶液

speculation [spekyəleiʃən] [名] 深思熟考, 推測, 投機

station [steiʃən] [名] 駅, 放送局, 駐屯地

subscription [səbskripʃən] [名] 寄付, 予約購読

subtraction [səbtrækʃən] [名] 引くこと, 控除, 引き算

suggestion [sədʒestʃən] [名] 暗示, 示唆, 提議

superstition [su:pərstiʃən] [名] 迷信

taxation [tækseiʃən] [名] 課税

temptation [tempteiʃən] [名] 誘惑

tradition [trədiʃən] [名] 伝統

translation [trænsleiʃən] [名] 翻訳, 解釈

transportation [trænspɔ:rteiʃən] [名] 輸送, 交通手段

vacation [veikeiʃən] [名] 休暇, 休み

variation [verieiʃən] [名] 変形, 変化

vegetation [vedʒəteiʃən] [名] 植物の生長

ventilation [ventəleiʃən] [名] 換気, 通風

-tive (品詞は形容詞と名詞)

active　　[**æk**tiv]　　[形] 積極的な, 活動的な

adjective　　[**ædʒik**tiv]　　[名] 形容詞

affective　　[**æfek**tiv]　　[形] 感情的な

attentive　　[ə**ten**tiv]　　[形] 注意深い, 丁重な

attractive　　[ə**træk**tiv]　　[形] 魅力ある

captive　　[**kæp**tiv]　　[形] 捕虜の　[名] 捕虜

decisive　　[di**sai**siv]　　[形] 決定的な

destructive　　[di**strʌk**tiv]　　[形] 破壊的な

detective　　[di**tek**tiv]　　[名] 探偵, 刑事

distinctive　　[di**stiŋk**tiv]　　[形] 独特な

effective　　[i**fek**tiv]　　[形] 効果的な, 有効な

executive　　[ig**ze**kyətiv]　　[形] 執行の　[名] 支配人, 取締役

infinitive　　[in**fi**nətiv]　　[名] 不定詞

instructive　　[in**strʌk**tiv]　　[形] 教育的な, 有益な

intransitive　　[in**træn**sətiv]　　[形] 自動の　[名] 自動詞

locomotive　　[loukə**mou**tiv]　　[名] 機関車

motive　　[**mou**tiv]　　[形] 動機となる　[名] 動機, 目的

positive　　[**pa**zətiv]　　[形] 肯定的な, 断定的な

primitive　　[**pri**mətiv]　　[形] 原始の, 原始的な, 野蛮の

productive　　[prə**dʌk**tiv]　　[形] 生産的な, 肥沃な

respective　　[ri**spek**tiv]　　[形] それぞれの

sensitive　　[**sen**sətiv]　　[形] 敏感な, 繊細な

subjunctive　　[səb**dʒʌŋk**tiv]　　[名] 仮定法

transitive　　[**træn**zətiv]　　[形] 他動の　[名] 他動詞

-tle / -ttle (主な品詞は名詞と動詞)

Aristotle   [ǽrəstatl]   [人] アリストテレス (哲学者)

battle   [bǽtl]   [名] 戦闘   [動] 戦う

beetle   [bíːtl]   [名] コガネムシ, 大きなハンマー

bottle   [bátl]   [名] 瓶   [動] 瓶に詰める

cattle   [kǽtl]   [名] 家畜

entitle   [intáitl]   [動] タイトルを付ける

gentle   [dʒéntl]   [形] 親切な, 従順な

kettle   [kétl]   [名] やかん

little   [lítl]   [形] 小さい, 少量の, ほとんどない

mantle   [mǽntl]   [名] マント, 外套, カバー

rattle   [rǽtl]   [名] ガタガタする音

settle   [sétl]   [動] 安定(定着)させる, 解決する

space shuttle   [spéis ʃətl]   [名] 宇宙往復船

startle   [stáːrtl]   [動] びっくりする

subtle   [sʌtl]   [形] 巧みな

title   [táitl]   [名] 表題, 肩書き, 権利

turtle   [təːrtl]   [名] 海亀

-tude (品詞は名詞)

altitude   [ǽltətyuːd]   [名] 高度

attitude   [ǽtətyuːd]   [名] 態度, 姿勢

gratitude   [grǽtətyuːd]   [名] 感謝

ingratitude   [ingrǽtətyuːd]   [名] 恩知らず

latitude   [lǽtətyuːd]   [名] 緯度

multitude   [mʌltətyuːd]   [名] 多数, 群集, 大衆

solitude   [sálətyuːd]   [名] 孤独

-ture　(品詞は名詞と動詞)

adventure　[ədventʃər]　[名] 冒険

agriculture　[ægrəkəltʃər]　[名] 農業

architecture　[a:rkətektʃər]　[名] 建築, 建築学, 建築様式

capture　[kæptʃər]　[動] 捕える, 獲得する

creature　[kri:tʃər]　[名] 創造物

culture　[kʌltʃər]　[名] 文化, 教育, 文明

departure　[dipa:rtʃər]　[名] 出発

expenditure　[ikspendətʃər]　[名] 経費, 支出

feature　[fi:tʃər]　[名] 特色, 容貌

furniture　[fə:rnitʃər]　[名] 家具

future　[fyu:tʃər]　[名] 未来

gesture　[dʒestʃər]　[名] ジェスチャー, 身振り

lecture　[lektʃər]　[名] 講義, 講演　[動] 講義(講演)する

legislature　[ledʒəsleitʃər]　[名] 立法府

literature　[litərətʃər]　[名] 文学, 文芸

manufacture　[mænyəfæktʃər]　[名] 製造, 製品　[動] 製造する

miniature　[minətʃər]　[名] 小さい模型

mixture　[mikstʃər]　[名] 混合物

moisture　[mɔistʃər]　[名] 湿気, 水蒸気

nature　[neitʃər]　[名] 自然, 天性, 性質

pasture　[pæstʃər]　[名] 牧場, 牧草地　[動] 放牧する

picture　[piktʃər]　[名] 絵, 写真, 映画　[動] 描く

prefecture　[pri:fektʃər]　[名] 県

rapture　[ræptʃər]　[名] 歓喜, 大喜び

sculpture　[skʌlptʃər]　[名] 彫刻

signature　[**sig**nətʃər]　[名] 署名, テーマ音楽

stature　[**stæ**tʃər]　[名] 身長, 業績

structure　[**strʌ**ktʃər]　[名] 構造, 構造物

temperature　[**tem**pərətʃər]　[名] 温度, 体温

torture　[**tɔ:r**tʃər]　[名] 拷問, 苦痛　[動] 拷問する

venture　[**ven**tʃər]　[名] 冒険, 投機

-ty　(主な品詞は名詞と形容詞)

ability　[ə**bi**ləti]　[名] 能力, 才能

abnormality　[æbnɔ:r**mæ**ləti]　[名] 異常, 変態

activity　[æk**ti**vəti]　[名] 活動, 運動

almighty　[ɔ:l**mai**ti]　[名] 全能者　[形] 全能な

anxiety　[æŋ**zai**əti]　[名] 心配

authority　[ə**θɔ:**rəti]　[名] 権威, 権威者, 当局

availability　[əveilə**bi**ləti]　[名] 有用性, 有効性

beauty　[**byu:**ti]　[名] 美しさ, 美

calamity　[kə**læ**məti]　[名] 惨事

capacity　[kə**pæ**səti]　[名] 収容能力, 生産性, 力量

cavity　[**kæ**vəti]　[名] 穴, 虫歯の穴

certainty　[**sə:r**tnti]　[名] 確実性

charity　[**tʃeə**rəti]　[名] 慈善, 寄付, 慈善団体

commodity　[kə**ma**dəti]　[名] 商品

community　[kə**myu:**nəti]　[名] 共同体, 地域社会

county　[**kaun**ti]　[名] 郡

cruelty　[**kru:**əlti]　[名] 残酷さ

curiosity　[kyuəri**a**səti]　[名] 好奇心

dainty　[**dein**ti]　[形] 優雅な, 上品な

deputy　　[**dep**yəti]　　[名] 代理人

desira**bi**lity　　[dizairə**bi**ləti]　　[名] 望ましさ

du ty　　[**dyu**ːti]　　[名] 義務, 責任

eigh ty　　[**ei**ti]　　[名] 八十　[形] 80 の

electri**ci**ty　　[ilek**tri**səti]　　[名] 電気

emp ty　　[**emp**ti]　　[形] 空白の, 空虚な

eter nity　　[i**tə**ːrnəti]　　[名] 永遠

faci lity　　[fə**si**ləti]　　[名] 設備, 才能

faculty　　[**fæ**kəlti]　　[名] 能力, 学部

fif ty　　[**fif**ti]　　[名] 50　[形] 50 の

for ty　　[**fɔ**ːrti]　　[名] 40　[形] 40 の

genero sity　　[dʒenə**ra**səti]　　[名] 寛大, 寛容

gra vity　　[**græ**vəti]　　[名] 真剣さ, 重力

haughty　　[**hɔ**ːti]　　[形] 高慢な, 生意気な

hospi ta lity　　[haspə**tæ**ləti]　　[名] 歓待

huma nity　　[hyu**mæ**nəti]　　[名] 人間, 人類

humi lity　　[hyuː**mi**ləti]　　[名] 謙そん

impu rity　　[im**pyuə**rəti]　　[名] 不純, 不潔

inten sity　　[in**ten**səti]　　[名] 激烈さ, 強度

liberty　　[**li**bərti]　　[名] 自由

loy alty　　[**lɔi**əlti]　　[名] 忠誠

ma jesty　　[**mæ**dʒəsti]　　[名] 威厳, 最高権威, 陛下

ma jority　　[mə**dʒɔ**ːrəti]　　[名] 大多数, 過半数, 成年

matu rity　　[mə**tyuə**rəti]　　[名] 成熟, 満期

mino rity　　[mai**nɔ**ːrəti]　　[名] 少数派, 未成年

nasty　　[**næs**ti]　　[形] 不快な, 汚い

natio nality　　[næʃə**næ**ləti]　　[名] 国籍

nece ssity　　[ni**se**səti]　　[名] 必要, 必要性, 必需品

ninety　　[**nain**ti]　　[名] 90　　[形] 90 の

nobility　　[no**bil**əti]　　[名] 貴族, 気高さ

novelty　　[**na**vəlti]　　[名] 斬新さ, 物珍らしさ, 目新しい物

opportunity　　[apər**tyu:**nəti]　　[名] 機会, 好機

originality　　[əridʒə**næl**əti]　　[名] 独創性, 創意

party　　[**pa:r**ti]　　[名] 会合, パーティー, 政党, 一行

penalty　　[**pe**nəlti]　　[名] 刑罰, 罰金

personality　　[pə:rsə**næl**əti]　　[名] 個性, 性格, 人格

petty　　[**pe**ti]　　[形] つまらない, 偏狭な

pity　　[**pi**ti]　　[名] 同情　　[動] 気の毒に思う

plenty　　[**plen**ti]　　[名] 沢山, 豊富

popularity　　[papyə**lær**əti]　　[名] 人気, 大衆性, 流行

possibility　　[pasə**bil**əti]　　[名] 可能性

posterity　　[pa**ster**əti]　　[名] 子孫, 後世

poverty　　[**pa**vərti]　　[名] 窮乏, 貧困

pretty　　[**pri**ti]　　[形] きれいな, 素敵な　　[副] かなり

probability　　[prabə**bil**əti]　　[名] 見込み, 確率

property　　[**pra**pəti]　　[名] 財産, 所有物, 所有権

prosperity　　[pra**speer**əti]　　[名] 繁栄

publicity　　[pə**blis**əti]　　[名] 周知, 公表, 宣伝

quality　　[**kwal**əti]　　[名] 質, 品質, 性質, 特色

quantity　　[**kwan**təti]　　[名] 量, 数量, 多量

reality　　[ri:**æl**əti]　　[名] 現実, 事実

responsibility　　[rispansə**bil**əti]　　[名] 責任

safety　　[**seif**ti]　　[名] 安全

security　　[si**kyuər**əti]　　[名] 安全, 防衛

seventy　　[**se**vənti]　　[名] 70　　[形] 70 の

simplicity　　[sim**plis**əti]　　[名] 簡単, 単純, 素朴

sincerity　[sinseərəti]　[名] 誠実

sixty　[siksti]　[名] 60　[形] 60 の

specialty　[speʃəlti]　[名] 専攻, 専門

stability　[stəbiləti]　[名] 安定性

thirty　[θəːrti]　[名] 30　[形] 30 の

treaty　[triːti]　[名] 条約

twenty　[twenti]　[名] 20　[形] 20 の

uncertainty　[ənsəːrtnti]　[名] 不安定, 不確実性, 疑い

unity　[yuːnəti]　[名] 単一性, 統一

university　[yuːnəvəːrsəti]　[名] 総合大学

utility　[yuːtiləti]　[名] 利便性, 実用性, 公益事業

vanity　[vænəti]　[名] 虚栄心, 虚飾, 虚無

vicinity　[vəsinəti]　[名] 近く, 付近

-ward　(主な品詞は形容詞と副詞)

afterward　[æftərwəːrd]　[副] その後

backward　[bækwəːrd]　[形] 後ろの　[副] 後ろに

downward　[daunwəːrd]　[形] 下の, 下に

forward　[fɔːrwəːrd]　[形] 前の　[副] 前へ

homeward　[houmwəːrd]　[形] 帰路の　[副] 家に向かって

inward　[inwəːrd]　[形] 内部の　[副] 内側に

onward　[ɔːnwəːrd]　[副] 今後

outward　[autwəːrd]　[形] 外に向かった, 外部の, 外観の

southward　[sauθwəːrd]　[形] 南側の　[副] 南に　[名] 南側

upward　[ʌpwəːrd]　[形] 上を向けた　[副] 上向きに

westward　[westwəːrd]　[形] 西向きの　[副] 西に　[名] 西部

-wise （品詞は副詞）

likewise [**laik**waiz] [副] 同様に, また

otherwise [**ʌ**ðərwaiz] [副] もしそうでなければ

-y （品詞は形容詞と名詞）

bloody [**blʌ**di] [形] 血まみれの

chilly [**tʃi**li] [形] 冷たい, 寒い

cloudy [**klau**di] [形] 曇った, 憂鬱な

crazy [**krei**zi] [形] 狂った, 熱狂した

dewy [**dyu:**i] [形] 露にぬれた

difficulty [**di**fikəlti] [名] 困難, 難しさ

dirty [**də:r**ti] [形] 汚れた, 卑劣な

dishonesty [di**sa**nəsti] [名] 不正直

drowsy [**drau**zi] [形] 眠い

dusty [**dʌs**ti] [形] ほこりの多い

easy [**i:**zi] [形] 簡単な, 快適な

entreaty [in**tri:**ti] [名] 懇願, 嘆願

funny [**fʌ**ni] [形] おかしな

gloomy [**glu:**mi] [形] 暗い, 憂鬱な

greedy [**gri:**di] [形] 貪欲な

guilty [**gil**ti] [形] 有罪の

handy [**hæn**di] [形] 便利な, 手軽な

hardy [**ha:r**di] [形] 丈夫な, 強い

hasty [**heis**ti] [形] 急な, 軽率な

healthy [**hel**θi] [形] 健康な

hearty [**ha:r**ti] [形] 暖かい

honesty [**a**nəsti] [名] 正直, 誠実

131

icy　　[**ai**si]　　[形] 氷の, 冷たい

jealousy　　[**dʒe**ləsi]　　[名] 嫉妬, 妬み

lofty　　[**lɔ:f**ti]　　[形] 非常に高い, 上品な

lucky　　[**lʌ**ki]　　[形] 不運な

mighty　　[**mai**ti]　　[形] 強力な, 巨大な

modesty　　[**ma**dəsti]　　[名] 謙遜, 謙虚, 質素

muddy　　[**mʌ**di]　　[形] 泥だらけの, 混濁した

naughty　　[**nɔ:**ti]　　[形] いたずらの, 行儀の悪い

noisy　　[**nɔi**zi]　　[形] うるさい

rainy　　[**rei**ni]　　[形] 雨の, 雨天の

rocky　　[**ra**ki]　　[形] 岩石が多い, 岩のような

rosy　　[**rou**zi]　　[形] バラ色の

rusty　　[**rʌs**ti]　　[形] 錆びた

sandy　　[**sæn**di]　　[形] 砂の, 砂だらけの

saucy　　[**sɔ:**si]　　[形] 生意気な

scanty　　[**skæn**ti]　　[形] 不足している

scary　　[**skeə**ri]　　[形] 怖い

sleepy　　[**sli:**pi]　　[形] 眠たそうな, 活気がない

slippery　　[**sli**pəri]　　[形] すべすべする, よく滑る

snowy　　[**snou**i]　　[形] 雪が多い

speedy　　[**spi:**di]　　[形] 速い, 迅速な

sticky　　[**sti**ki]　　[形] べたつく

stony　　[**stou**ni]　　[形] 石の多い, 堅い

stormy　　[**stɔ:r**mi]　　[形] 嵐の

sunny　　[**sʌ**ni]　　[形] 日当りのよい, 太陽の

thirsty　　[**θə:rs**ti]　　[形] のどの渇いた, 渇望する

thorny　　[**θɔ:r**ni]　　[形] とげの多い, 苦しい

unlucky　　[ən**lʌ**ki]　　[形] 不運な

unworthy　[ənwəːrði]　[形] 価値のない

wealthy　[welθi]　[形] 豊富な, 裕福な

weary　[wiəri]　[形] 疲れきった, くたびれた

windy　[windi]　[形] 風が強い

worthy　[wəːrði]　[形] 価値のある, 素晴らしい

-yze　（品詞は動詞）

analyze　[ænəlaiz]　[動] 分析する

paralyze　[pærəlaiz]　[動] 麻痺させる, 麻痺する

-zzle　（品詞は動詞と名詞）

dazzle　[dæzl]　[動] まぶしくする

drizzle　[drizl]　[動] 霧雨が降る　[名] 霧雨

puzzle　[pʌzl]　[動] 当惑させる　[名] 謎